JN201540

SDGs時代のESDと社会的レジリエンス研究叢書 ⑥

岩浅有記・小堀洋美・佐藤真久 編著

市民科学

自然再興と地域創生の好循環

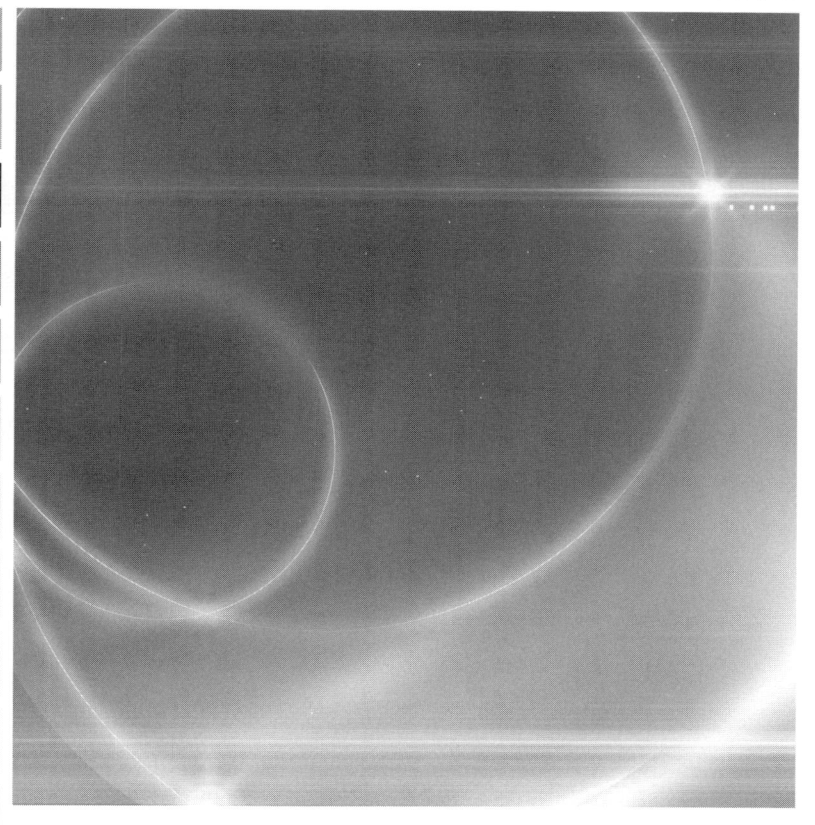

筑波書房

はじめに

岩浅有記・小堀洋美・佐藤真久

産業革命以降、人間活動は急速に拡大し、今や地球の環境収容力と回復力が限界に近づき、今まで通りの価値観や経済社会システムからの脱却と再構築（リデザイン）が求められている。

SDGsの目標年である2030年まであと５年となったが、目標達成のためには飢餓や貧困の撲滅といった健康で文化的な最低限度の生活を保障する視点と、生態系や「地球の限界（planetary boundaries）」を念頭に置いた自然資本の保全・再生及び持続可能な利活用の視点との、同時解決を図る必要がある。

その上で、システム思考・デザイン思考を踏まえた人・地域社会・地球の「ありたい姿」の実現に加えて「ありうる姿」も念頭に置きながら、あらゆる分野で持続可能で、しなやかさを併せ持った社会への転換、すなわちトランジションを達成し、イノベーションを起こすことが不可欠である。

国内に目を向けてみると、日本社会は本格的な人口減少時代に入り、想定より11年も早く2022年に国内出生数が初めて80万人を割り込んだ。2005年から2050年までの間に日本の生産年齢人口は3,500万人以上、率にして４割以上減少する。これは他の先進諸国では見られない急激な減少である。1990年代以降、日本経済は低迷を続け、この30年間日本の給与は上がらず、１位の米国の半分以下の給与水準に留まり、都市と地方の給与格差は拡大傾向にある。人口減少が地方のまちや生活に与える影響として、医療・教育などの生活関連サービスの縮小、税収減による行政サービス水準の低下、公共交通の撤退・縮小、空き家・耕作放棄地・所有者不明土地等の増加、地域コミュニティの機能低下、伝統文化の衰退・消滅、里山の管理不足による鳥獣被害、生物多様性の損失などが挙げられる。これらの影響により生活利便性や地域の魅力が低下し、更なる人口減少を招く悪循環が加速しつつあり、地域の経済、社会、自然･文化の持続可能性は危機的な状況にある。社会や経済の再構築（リデザイン）を図り、新しい社会を担う現役世代や次世代の人材育成を行う上で科学・実装研究、政策・地域自治、教育・社会的学習の重要性がこれほど高まっている時代はない。

しかしながら、日本の科学・実装研究を取り巻く状況は厳しく、多くの課題を抱えている。日本の国際的な科学研究の競争力は急速に低下している。その背景には、大学や研究組織全体が共同・協力して研究成果を上げる機能が低下し、研究現場での研究を低迷させる構造的、制度的、政策的な問題が生じている。相互不干渉で競合的な小型の研究単位からなる組織体制、研究人材や若手研究者の流動化を妨げる制度、研究の質を評価するシステムの欠如などは、抜本的解決が迫られている。そして、自然科学分野の細分化や高度化は、一般の人々にとって、科学は理解し難く、遠い存在となりつつある。日本では、科学とその意義を社会に伝える職業としての科学コミュニケーターの育成も求められている。また、小学校では科学嫌いの児童が増えている。自然の中での発見や遊びを通じた体験は、子どもだけでなく教師にも不足している。新たな学習指導要領で重点が置かれている子どもの主体性を重視した探究型教育、STEAM教育[(1)]などの教科総合型教育が、身近な自然や地域社会で展開されることにより、学びが深化することが期待される。人・地域社会の「ありたい姿」の実現には、科学を取り巻く課題解決を地域社会の中で展開し、個人、地域の多様な組織、行政との連携によるイノベーション（革新）や地域創生を通じて、個人と社会が変容することが必要である。

政策・地域自治に関しては、人口減少・高齢化、経済の低迷、インフラの老朽化による更新費用の増大などによる財政の一層の悪化や人材難による悪循環が起こっている。政策手法としても課題解決型のアプローチが主眼となり、未来創造型のビジョン策定はなかなか進まず、仮に策定したとしても行政主導、地域外のコンサルタント任せのケースが多く、絵に描いた餅に終わるケースが多数見られる。ましてや人口増加、成長時代に作られた法制度は制度疲労を起こしており、人口減少や成熟社会、「ありうる姿」や「ありたい姿」を念頭に法制度を抜本的に見直すところまでには至っていない。これまでの潤沢な税収と明確な課題に基づく効率的運営方策（新公共管理、NPM）の限界も各方面から指摘されている。加えて、市民側の行政任せや行き過ぎた行政批判の結果、行政の萎縮や市民と行政の間に壁が生じている場面も見られる。政策は行政の専管事項ではなく、本来市民と行政の協働によって立案、実行されるべきものである。上記のような悪循環の状況下においては今後の地域の生き残りをかけて、市民と行政の垣根を超えた新しい政策が今こそ求められている。このような悪循環の状況においては、地域の内発性を源流として、更には民主導・官サポートの形態をとりながら地域外との協働による地域ビジョンの策定や「ありうる姿」を念頭に置いた施策の立案、社会実装が今こそ求められている。そのためには政策立案と新しい地域自治のしくみが必要であり、具体的な社会実装の事例も見られつつある。

教育・社会的学習に関しても、大きな悪循環が起こっている。初等・中等教育段階では、協力関係を育む機会よりも個人の成果を重視し、専門性を絶対視することにより多分野にまたがる視点を鍛える場が弱く、教師がリスクを回避しチャレンジをする機会を少なくし、成績評価や入試などの外発的動機付けにより内発的動機付けを忘れさせる状況が見られる。今日では、学習指導要領の改訂に伴い「探究」の重要性が指摘され、探究の高度化と自律化が指摘されつつも、これまでとは大きくその目的と手法が異なっているため、探究活動に距離を置く学校も多々見られる。企業や自治体、地域社会においても、縦割りと分業化、自己責任論の風潮の中で「正解のある問い」に対応した課題解決を長年実施してきたことで、今日的な複雑性に向き合う統合的課題解決と価値共創に十分向き合うことができていない。今後は、複雑性の高い現場に赴き、知識やスキルを使いこなし、他者とのコミュニケーションを深めながらデータの解釈と社会実装、最適解の更新をしていくことが求められている。

この歴史的転換期に、イノベーションをもたらす新たなアプローチとして注目されているのが「市民科学」である。市民科学は過去20年間で急速な進展を遂げ、科学・実装研究、政策・地域自治、教育・社会的学習など多様な分野に取り入れられることによって、新たな価値を生み出し、社会にインパクトのある変革をもたらしつつある。しかし、市民科学の社会への浸透の程度は地域、国、大陸により大きな偏りがある。日本は、市民科学の歴史も長く、優れた事例もあるが、社会での活用は限定的で、新たな自治や地域創生に活かすまでには至っていない。

本書における「市民科学」はそれ自体の推進や普及啓発が目的ではなく、副題にもあるように、「自然再興と地域創生の好循環」をもたらすためのアプローチとしての市民科学に着目するものであり、市民科学の多様なイノベーションを活用することを目指している。本書では、これまで主に都道府県や市町村が担っていた地域政策を多様な地域内外の主体が連携した新しい自治システムにより、市民科学を活用しながらビジョン策定、政策立案、そして社会実装へと繋げていくことを主眼としている。また、科学・実装研究、政策・地域自治、教育・社会的学習の視点による豊富な事例により、新たな自治システムを構築するだけではなく、社会実装を通じた学び、探究、協働、意思決定など様々なプロセスが地域市民に内在化され、真の地球市民になる好循環、すなわち生涯探究社会の構築をも主眼としている。

以上のことから、本書では市民科学の進展の経緯や基本的な考え方について概観し、科学・実装研究、政策・地域自治、教育・社会的学習の統合アプローチによる最新の市民科学の事例も踏まえつつ、これからの市民科学のあり方について提案を行うこととしたい。具体的には第１章（岩浅）では「自然共生社会の概念とその実現にむけて～今こそ求められる具体的な行動と社会実装～」、第２章（小堀）では「市民科学とは～多様性と新たな飛躍～」、第３章（小堀）では「科学・実装研究の側面からの市民科学のアプローチ～原則から変革まで～」、第４章（岩浅・豊田）では「政策・地域自治の側面からの市民科学アプローチ～佐渡におけるトキの野生復帰を例に～」、第５章（佐藤）では「教育・社会的学習の側面からの市民科学アプローチ～ VUCA社会に向き合う学びと協働の連動性～」、第６章（佐藤）では「これからの市民科学〜協治としての市民科学へ〜」について述べる。

なお、市民科学の定義、解釈については、第２章を参照されたい。また、今日では、市民科学、シチズンサイエンス（citizen science)、コミュニティサイエンス（community science）などの様々な用語が使われている。日本では「市民科学」と「シチズンサイエンス」の２つの用語が用いられているが、本書では両者を区別せずに一括して「市民科学」の用語を用いる。

注

（１）科学・技術・工学・芸術・数学の５つの英単語の頭文字を組み合わせた造語。科学（Science)、技術（Technology)、工学（Engineering)、芸術・リベラルアーツ（Arts)、数学（Mathematics）の５つの領域の特徴を活かした実社会での問題発見・解決に生かしていくための教科等横断的な学習。

目　次

第１章

自然共生社会の概念とその実現にむけて
～今こそ求められる具体的な行動と社会実装～

岩浅有記

第１節　はじめに

本書は「SDGs時代のESDと社会的レジリエンス研究叢書」として、長期目標である自然共生社会を実現するために市民科学のアプローチを用いて自然再興と地域創生の好循環をもたらすことを主眼としている。このため、次章以降の理解を助けるため、本章では自然共生社会やその背景となる情報をまずは押さえておきたい。

第２節では自然共生社会のうち、特に共生とは何か、自然共生社会が世界の長期目標に至るまでの経緯について概説する。自然共生社会の実現にあたり我々を取り巻く状況は深刻であり、気候、超紛争、人工化という人類の自滅へとつながる３つの致命的な脅威に直面する可能性も指摘されている（アタリ，2023)。特に漠然とした長期目標としての自然共生社会ではなく、具体的な行動と社会実装を通じて自然共生社会を実現していくことが重要である。第３節では地球の限界と生物多様性の危機を概観し、第４節では自然共生社会実現のために必要な概念ついて紹介する。第５節では自然共生社会の実現のための社会実装として取り組む際の視点を整理しておきたい。

Key Word：自然共生、共生と循環、自然資本、NbS、みんなごと化

第2節　自然共生社会の経緯

2022年12月に新たな生物多様性に関する世界目標である「昆明・モントリオール生物多様性枠組」と、2030年までの行動目標「昆明・モントリオール2030年目標」が採択された。2030年までに生物多様性の損失を止め、逆にプラスの変化を生み出していこうという「ネイチャーポジティブ：Nature Positive（NP）[(1)]」（自然再興）達成を目指し、23の目標が策定された。長期目標としては、2050年ビジョンとして「自然と共生する世界」が掲げられている。これは2010年10月に愛知県名古屋市で開催された生物多様性条約第10回締約国会議（COP10）で採択された生物多様性に関する新たな世界目標である戦略計画2011-2020の長期目標を引き続き掲げたものである。2050年までに「自然と共生する世界（a world of “Living in harmony with nature”）」を実現することは議長国・日本からの提案に基づいて掲げられたものであり、これは、人間と自然とを一線を画して考えるのではなく、人間も自然の一部として共に生きていくという、我が国で古くから培われてきた考え方が取り入れられたもので、今後も国際社会全体でこの目標に向かって取組を進めていくことになる。

日本からの提案に基づいて掲げられた、「自然共生」はいつから用いられるようになったのか。特に「共生」に関しては筆者の所属する大正大学の学長を三度務めた椎尾弁匡師（1876-1971）が提唱した「共生思想」がその源流とされている。詳細について『大正大学入門』（大正大学，2020）から一部引用する。椎尾師が、信仰運動・社会運動として創設した共生会は、共生思想を根本に据えている。生物学に留まらず、今では多くの分野で用いられる「共生」だが、この語にいち早く宗教的・哲学的な意味を与えたのが椎尾師であった。椎尾師は、仏教の縁起の思想を基本としつつ、すべてのいのちの連綿としたつながりを見つめ直し、過去・現在・未来という時間と全世界・全宇宙という空間の両者が交わった「今、ここ」に生かされて生きている私達のいのちは、すべての存在と直接・間接に関わりあっていると主張した。海部俊樹・黒川紀章・梅原猛など、椎尾師の共生思想に影響を受けた人物は多い（大正大学，2020）。また、前田（1997）によると、椎尾師の共生論の特質について、「仏教、特に浄土教に基盤を置きつつ、第１に人間がその本来のあり方に目覚めるべきこと、第２に人間がありとあらゆる生きとし生けるものとの平等の共生、また自然との共生に立つべきこと、第３に理想世界としての共生浄土の実現を目指すべきこと、の３点に総括できるであろう。」と述べており、「自然との共生ということが、共生の大きな意味の一つである。」と述べていることからも、生物多様性の世界目標である「自然と共生する世界」の源流は椎尾師の共生論であることが確認できる。

椎尾師の共生思想に影響を受けた人物の一人である、哲学者の梅原猛（1925-2019）が委員として関わった屋久島環境文化懇談会（2）では、屋久島環境文化村構想（3）の理念が検討され、その中で梅原が提唱した概念が「共生と循環」であった。少し長くなるが重要な部分であるので懇談会の議事録（鹿児島大学，2010）の一部を引用する。

> 「私が長い間研究した結果として、縄文の原理もやはり共生と循環であります。人間が昔から狩猟採集を続けているという文明の原理が共生と循環の原理で、そして初期農耕時代もまた共生と循環が文明の原理だろうと思います。（中略）私は日本文化の根底にやはり縄文文化があると思います。（中略）そういう非常に発展した狩猟採集文化が日本に栄えたわけです。縄文文化はまさに森の文化で、人間は森の中に組み込まれ、生きとし生けるものと共存していました。私は、こういう文化を今でも伝えているのはアイヌと沖縄であると考えております。彼らの文化には非常に生態学的な配慮があり、自然をけっして壊しません。これがやはり日本の基層文化であり、その中で稲作農業文化や弥生文化が育ったわけです。しかし、稲作農業文化はけっして狩猟採集文化を根本的に否定したわけではないのです。ここが大事でございます。どうしてかといいますと、小麦農業と違って稲作農業は平地しかできないからです。平地は木を切って田にしますが、山はそのまま残るわけです。しかも稲作農業は水に頼る部分が多く、木の生

えた山からいつも流れている川が稲作農業にとって非常に大事です。それゆえ日本の稲作農業はけっして狩猟採集の文明を壊さなかった。むしろ共存していたのです。（中略）こういう森が残っているということは日本文化の根底に森の文化の原理である共生と循環が残っているからです。

神道は森の文化が生んだ宗教です。（中略）また日本の仏教の合言葉として天台本学論で出た「山川草木悉皆成仏」ということも、本当は、仏教は個人の悟り、人間の悟りなのですが、日本に仏教が入ってくると山や川や草も木も全部仏になれるという原理になったのです。ですから日本の宗教そのものが共生の原理で成り立っているということです。

そして芸術ですが、例えば芭蕉の俳句というものは、一つは季節の移り変わりの芸術であり、必ず季節の言葉が入ります。もう一つは、ものをうたわなければならない共生の芸術でございます。このように考えますと、日本の文化の原理のなかに共生と循環の原理が宿っているわけでございます。

最後に、こういう世界の現状において日本はどうすべきか、ということですが、やはり外国の人たちは日本の経済力をあてにしているということです。日本が経済的に豊かになった以上は日本が世界に向かって発信する新しい理想が必要なのです。21世紀の１番の問題である環境問題に対して日本は発信しなくてはならないということです。いつまでも日本が自分の理想をもたない国では、国として生きていけません。（中略）ここで日本が何の理想もないとしたら、日本が世界の非難を受けるのは間違いありません。

しかしながら日本は、21世紀の人類のいちばんの問題である環境問題にきちんと発言できる原理をその文明のなかにもっているのではないかと思います。それは共生と循環の原理を自分の体内にもっているからです。その証拠に、これほどの森が残っているではありませんか。しかし明治以後の日本は、その森や体内の原理に気がついていません。私はそういう原理に気がつき、そしてそういう理想をもって屋久島を日本の象徴に位置づけ、（世界）遺産条約の第１号になるべきだと考えています。」

上述した引用文に改めて目を通すと、日本の縄文文化、森、神道、仏教、芸術に通底しているのが共生と循環の原理であることを梅原は大変分かりやすく表現している。屋久島環境文化懇談会からの提案を受けて、屋久島が

1993年に日本初の世界遺産に登録されてから30年以上が経過した。梅原が上述の通り指摘したように環境問題は21世紀の1番の問題であることに変わりはなく、環境危機は人類共通の喫緊の課題となっている。梅原の共生と循環の思想は、『共生と循環の哲学—永遠を生きる』（梅原，1996）にまとめられているが、本書においても梅原は自然との共生について語っている。その一部を引用する。

「人間は、自然を父とし母として生まれたものであり、自然のなかの他のすべての生きとし生けるものと共生する以外には生きられない、そういうことをはっきり認識する必要があります。私は、人間には、神によって与えられた自然支配の特権などというものは存在しないと思っています。この自然との共生を人類の根本原理としなければならないと思うのです。」

大場[(4)]（2008）によれば、この「自然と人間との共生」（自然共生）というフレーズは、1980年代から使われるようになり、1991年の「国際花と緑の博覧会」では基本理念として、また1994年の「第一次環境基本計画[(5)]」では長期目標、2007年の「21世紀環境立国戦略」では社会的取組の一つとして定められたとある。

上述の屋久島から提唱された「共生と循環」の概念は、行政文書としては1994年の「第一次環境基本計画」へ取り入れられた（当時の政策担当者からの私信）。具体的には同計画の長期的な目標として、「循環」、「共生」、「参加」及び「国際的取組」が実現される社会を構築することを掲げた。これは環境への負荷の少ない循環を基調とする経済社会システムが実現されるよう、人間が多様な自然・生物と共に生きることができるよう、また、そのために、あらゆる人々が環境保全の行動に参加し、国際的に取り組んでいくこととなるよう意図したものであった。翌1995年には「第一次生物多様性国家戦略[(6)]」が策定され、副題は「すべての生きものが共生できる地球環境をめざして」とあり、「共生」が取り上げられている。その後、環境基本計画と生物多様性国家戦略は数回の改定を経て、2010年には日本からの提案に基づいて生物多様性に関する世界の長期目標である2050年ビジョンとして「自然と共生する世界」が掲げられたのは冒頭に述べた通りである。

第３節　地球の限界と生物多様性の危機

近年では、「地球の限界」が指摘され、人類生存の危機、経済、社会の持続不可能性が共通認識となりつつある。「地球の限界」の概念は、2009年にスウェーデン出身のRockströmを中心としたチームが初めて発表した。項目は（1）気候変動、（2）大気エアロゾルの負荷、（3）成層圏オゾンの破壊、（4）海洋酸性化、（5）淡水利用、（6）土地利用の変化、（7）生物圏の一体性[7]、（8）窒素・リンの生物地球化学的循環、（9）新規化学物質の９つとなっており、中心の円（濃灰）の中に留まっていれば限界値以下で安全とされるが、中心の円の外側から不安定な領域となりリスクが増大し、外側ほどリスク大とされている。発表当初、未評価だった項目もその後の数回にわたる評価を経て、2023年には９つ全ての評価が行われ、「気候変動」「生物圏の一体性」「土地利用の変化」「淡水利用」「窒素・リンの生物地球化学的循環」「新規化学物質」の６つの項目で境界を上回った（**図1-1**）。

世界のGDPの84兆ドルのうち44兆ドルが自然資本に依存しており、このまま手を打たなければ、2030年には2.7兆ドルの損失があると言われている（World Economic Forum, 2020）。また、World Economic Forumの2023年のグローバルリスクレポート[9]では、今後10年間で最も急速に悪化するグローバルリスクが示され、上位４つ（気候変動の緩和策の失敗、気候変動の適応策の失敗、自然災害と極端な異常気象、生物多様性の損失と生態系の崩壊）が環境リスクとなっている。かつては経済と環境は二項対立や二律背反の関係にあり、環境保全は経済発展の足枷のように捉えられた時代もあったが、自然資本の概念が社会的にも認知される中で環境保全に取り組まなければ経済やビジネスのリスクとなり、取り組めばチャンスともなる時代が到来した。現にビジネス界においては、TCFD（気候関連財務情報開示タスクフ

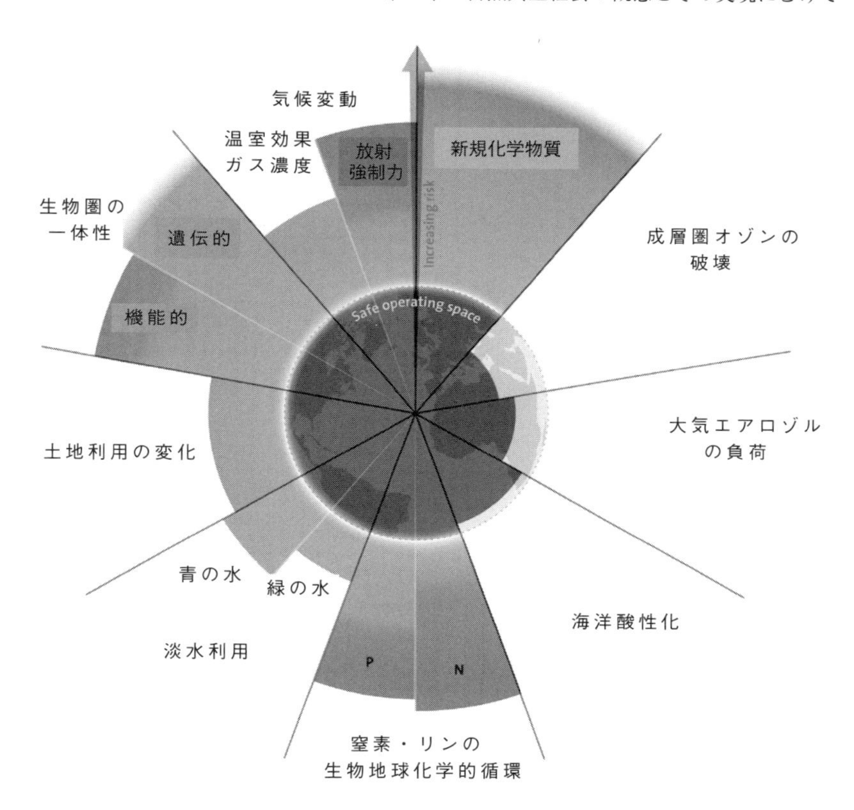

図1-1　「地球の限界」の評価結果（全９項目）

Richardson et al.（2023）を元に岩浅和訳

ォース）、TNFD（自然関連財務情報開示タスクフォース）といった脱炭素、生物多様性といった非財務情報の開示の枠組の動きや、従来の財務的な収益だけではなく社会的及び環境的な良い変化や効果の創出を目的とした投資手法であるインパクト投資など、環境保全と経済発展を統合的に進め、好循環をもたらすためのしくみづくりが加速している。

自然資本（natural capital）という言葉は、1973年に英国の経済専門家のSchumacherが『スモールイズビューティフル：人間中心の経済学』の中で使ったのが初めてであり、1999年には環境保全と経済成長の両立のため、自然資本を経済の枠組の下に明確に定義し、新たな経済のコンセプトを提示した“Natural Capitalism”（邦題『自然資本の経済』）が発行された（ホーケンら著/佐和監訳，2001）が、ここで定義された4つの資本の一つとして、自然資本を「資源、生命システム、生態系サービスから成り立つもの」と定義した、としている（河口，2015）。

Dasgupta[(10)]（2021）によれば、1992年比で2014年時点の世界の人工資本は2倍、人的資本は13%増加しているのに対して、自然資本は40%の減少となっている（**図1-2**）。これはすなわち自然資本を食い潰しながら人工資本や人的資本を高めてきたことに他ならず、持続可能とは言えない。生物多様性の損失を止め、反転させる「自然再興」の視点に立ち、自然資本を回復させ、さらにプラスに持っていくことを大前提として他の資本を管理していく経済、社会としていかなければならない。奇しくも生物多様性条約が採択されたのがちょうど1992年であり、2014年時点で自然資本が4割減、条約締結から30年以上が経過した現在も自然資本の損失が止まっていないことは生物多様性を取り巻く状況が極めて危機的であることを改めて認識せざるを得ない。

2020年に公表された地球規模生物多様性概況第5版[(11)]（GBO-5）では、愛知目標の達成状況として、20の愛知目標の内、6つの目標が「一部達成」と評価されたものの、完全に達成される愛知目標は1つとしてなく、生物多様性の損失は続いていると評価され、2050年ビジョン「自然との共生」の達成のためには、今まで通りから脱却する社会変革が必要とされ、生物多様性の保全・再生に関する取組のあらゆる分野や主体への拡大、気候変動対策、生物多様性損失の要因への対応、生産・消費様式の変革及び持続可能な財とサービスの取引といった様々な分野での行動を、個別に対応するのではなく連携させていくことが必要、としている。

「地球の限界」の概念を発表したRockströmは、2015年の国際サミットで国連加盟の193か国が2030年までに達成することを決めた持続可能な開発目

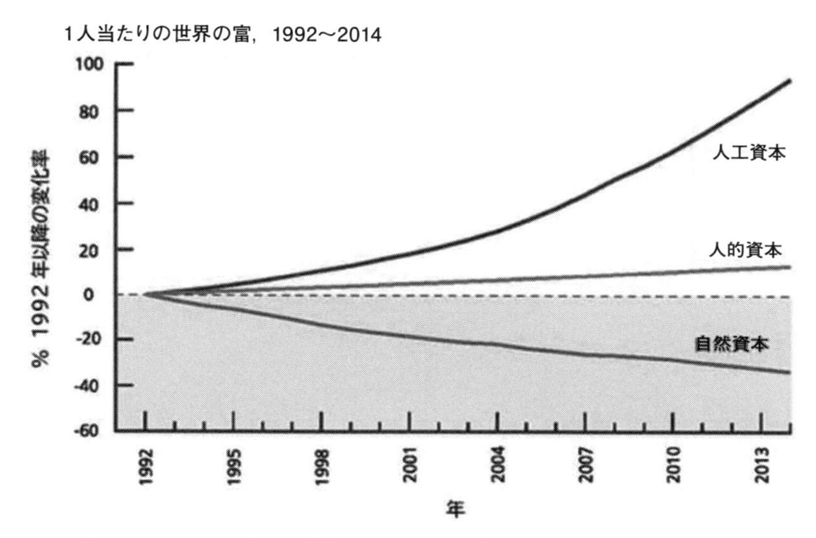

図1-2　1992年を基準とした一人当たりの世界の富の変化
（The Dasgupta Review, 2021）

標（SDGs）の17の目標を「環境（biosphere）[(12)]」「社会（society）」「経済（economy）」の３つの層に分類した「SDGsウェディングケーキ[(13)]」の概念を2016年に発表した（**図1-3**）。17の目標をよく見慣れた二次元の配列ではなく、三次元として立体的に整理し、環境、社会、経済の３つの層を垂直的に貫く重要な目標として17番のパートナーシップが掲げられている。環境が持続可能に保全されているからこそ社会と経済が持続可能なものとなるというSDGsの本質的な理解に役立つ概念である。なお、我々共同編者は本書を編集する中でこの17番はパートナーシップを含む市民科学とすることが望ましいのではないかという結論に至った。

同様のことは2022年にPwCジャパングループが発表した「親亀こけたらみなこける」のサステナビリティ経営の前提思想[(14)]にも見受けられる。これは親亀を環境価値、その上に乗る小亀を社会価値、さらにその上に乗る孫亀を経済価値と見立てて、企業活動の土台である環境価値・社会価値を毀損すれば、めぐりめぐって企業自らの価値を毀損することになるとし、サステ

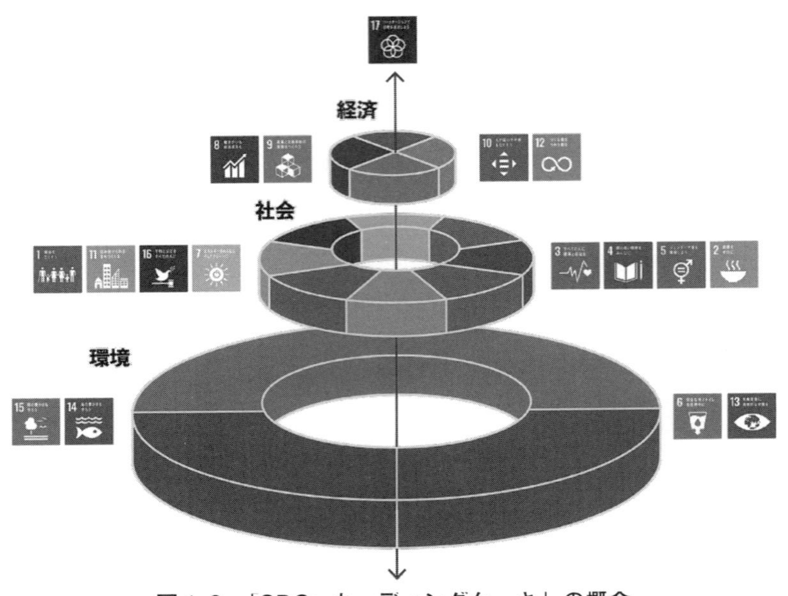

図 1-3 「SDGs ウェディングケーキ」の概念

Rockström（2015）[13] を元に岩浅和訳

ナビリティは、「環境・社会のために経済を犠牲にする」という「トレードオフ（二律背反）」ではなく、むしろ「環境・社会を守り、強めることで経済を守り、強める」という「トレードオン（両立、好循環）」の思想であるとしている。

なお、1994年に英国のサスティナビリティ社のJohn Elkingtonによりトリプルボトムラインの考え方[15] が示されており、これは企業活動を経済面だけでなく、社会や環境に関する実績からも評価しようという考え方であったが、多くの企業のトリプルボトムライン対策が形式的にとどまり、本質的な問題解決に至っていないことや、急激な変化に対応しきれなくなってきた、として本人により2018年にトリプルボトムラインの考え方が撤回された（Sustainable Brands，2020）[16]。一方で、Elkingtonの著書『Green Swans』においては、資本主義のしくみを再生・修復型（リジェネレーション）に変えていく必要があると主張しており、責任、レジリエンス、リジェネレーションの３つの要素が作用するのであればトリプルボトムラインも使えるとしている(Elkington, 2020)。

「SDGsウェディングケーキ」の概念（**図1-3**）を発表する以前の類似の概念としては、Stewart Brand（1999）による「ペースレイヤリング[(17)]」（**図1-4**）が挙げられる。６つの層から構成されており、下層には自然と文化、中層にガバナンスとインフラストラクチャー、上層に商業とファッションが配置されている。「SDGsウェディングケーキ」の概念（**図1-3**）と同様に環境、社会、経済の要素が組み込まれている点で共通している。

これまでみてきたように、「SDGsウェディングケーキ」の概念（**図1-3**）、「親亀こけたらみなこける」のサステナビリティ経営の前提思想、「ペースレイヤリング」（**図1-4**）に共通することとしては、自然が経済、社会や文明の基盤になっているという点である。この自然に根ざして社会課題を解決しようという考え方が国際自然保護連合（IUCN）によって提唱されたNature-based Solutions（NbS）である。『自然に根ざした解決策』とは、社会課題に効果的かつ順応的に対処し、人間の幸福および生物多様性による恩恵を同時にもたらす、自然の、そして、人為的に改変された生態系の保護、持続可能な管理、回復のため行動をいう（IUCN, 2016)。概念図を**図1-5**に示す。

自然に根ざした解決策に関するIUCN世界標準（IUCN, 2020）[(18)]においては、主要な社会課題として気候変動、自然災害、社会と経済の発展、人間の健康、食料安全保障、水の安全保障、環境劣化と生物多様性損失の７つを掲げている。NbSは、地域社会に収入を生み出すだけではなく、健康と幸福のためにこうした資源に依存する地域社会に便益をもたらすことが十分に立証されている。劣化した土地や海岸線の再生への投資から、ダムや堤防等、伝統的インフラストラクチャーの便益の最適化まで、私達の社会的な需要を満たす上で自然が決定的な役割を果たしていることを示す圧倒的な証拠が今や存在するとしており、IUCNは、自然保護を主要な経済部門に主流化することが不可欠であるとしている（IUCN, 2020)。

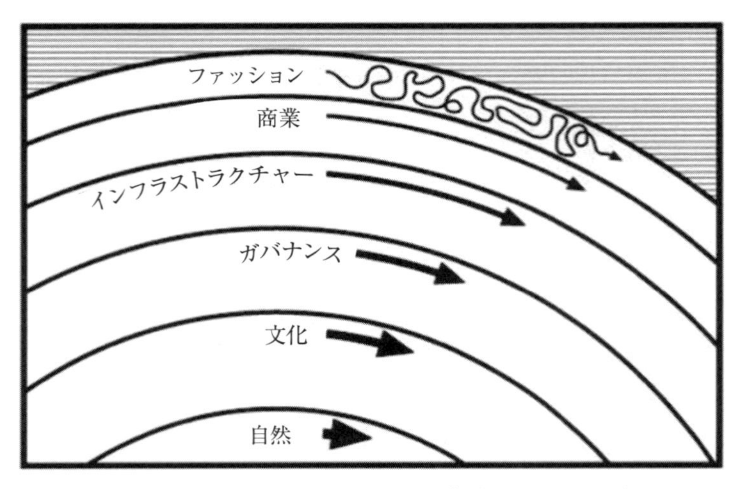

図1-4　ペースレイヤリング（Brand, 1999）

かつてのトリプルボトムラインにおいては環境、経済、社会の３つの円が重なる部分が持続可能であるとされていた。しかしながら、その後の「SDGsウェディングケーキ」の概念（**図1-3**）等への変遷を経て、2021年に英国で発表された報告書『The Dasgupta Review』を契機に環境の中に社会があり、社会の中に経済があるという考え方が急速に広まりつつある。持続可能性に関する概念の変化を**図1-6**にまとめた。このことはまさに共生の思想、具体的には環境、経済、社会の共生が今こそ求められており、自然共生社会の目指すべき方向性を指し示しているとも言えよう。分けて考えるのではなく統合的に考えるといった点で欧米と日本の考え方も近づきつつある。

第４節　自然共生社会実現のために必要な概念

次に自然共生社会実現のために、特に自然を基盤として地域社会を好循環に持っていくための最新の国内外の概念や事例を紹介する。

まず、先ほど紹介したNbSに関しては、一般的な概念に留まらせないよう

図 1-5　NbS の概念図（IUCN, 2020）(18)

に、IUCNが、現場の実施を方向付けや政策の策定を促し、NbSに関する環境科学を創造する世界的な利用者コミュニティを創る機会を提供するための世界標準を策定しており、８つの基準と計28の指標を提案している（**表 1-1**）。同世界標準は、得られた教訓により、適用が改善、進化し、政策決定者間のNbSへの信頼がより高まるよう、体系的な学習の枠組を提供している。また、この標準は、NbSの解釈に関する共通理解と公正で持続可能な世界に関する共有されたビジョンの基礎ともなる。本書がテーマとしている市民科学のアプローチによる科学・実装研究、政策・地域自治、教育・社会的学習の好循環や、今後の具体的な行動のための指標となろう。特に学際的な研究や学び、さらには分野横断型の政策立案など、様々な活用方法が考えら

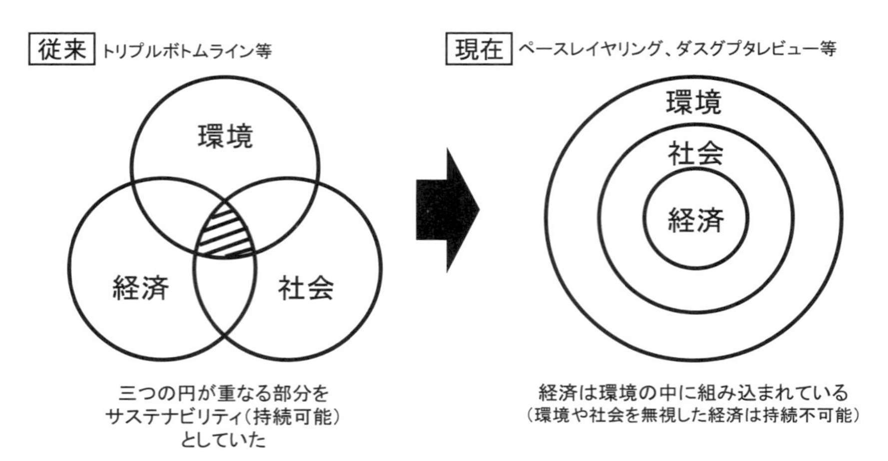

図1-6　持続可能性に関する概念の変化（経済は環境に埋め込まれている）

各資料を元に岩浅作成

れる。

次にNbSの類似の概念であるグリーンインフラである。「グリーンインフラ」という言葉は、1990年代後半頃から欧米を中心に使われていたものが、我が国の行政分野においては、国土形成計画（平成27年８月閣議決定）において、初めて「グリーンインフラ」という用語が登場し、その後、社会資本整備重点計画（平成27年９月閣議決定）等において内容が盛り込まれた（岩浅, 2015）。

2023年９月に国土交通省が策定した「グリーンインフラ推進戦略2023[(19)]」によれば、グリーンインフラとは、「社会資本整備や土地利用等のハード・ソフト両面において、自然環境が有する多様な機能を活用し、持続可能で魅力ある国土・都市・地域づくりを進める取組」であり、社会課題の解決を図る社会資本整備やまちづくり等に自然を資本財（自然資本財）として取り入れ、課題解決の基盤として、その多様な機能を持続的に活用するもの、としている。単なる自然保護ではなく、「自然の多様な機能を活用することで社会課題の解決を図る」という点においてNbSとの親和性は高い。同戦略ではグリーンインフラで目指す姿として「自然と共生する社会」を明確に位置付

表 1-1　NbS の基準及び指標

基準・指標
基準 1：NbS は効果的に社会課題に取り組む
指標 1.1 権利者や受益者にとって最も切迫した社会課題が優先されている
指標 1.2 取り組む社会課題は、明確に理解され、文書化されている
指標 1.3 NbS から生じる人間の幸福への結果が特定され、基準化され、定期的に評価されている
基準 2：NbS のデザインは規模によって方向付けられる
指標 2.1 経済、社会、そして、生態系間の相互作用を認識し、それらに対応するものである
指標 2.2 他の補完的な取組と統合され、セクター横断的なシナジーを求めるものである
指標 2.3 取組の場所を超えたリスクの特定と管理が組み込まれている
基準 3：NbS は生物多様性、および、生態系の健全性に純便益をもたらす
指標 3.1 NbS 行動は、生態系の現状、そして、劣悪化や損失を招く主要因に関するエビデンスに基づく評価に直接的に対応するものでなくてはならない
指標 3.2 明確で測定可能な生物多様性の保護に関する結果が特定、基準化され、定期的に評価されている
指標 3.3 モニタリングには NbS から生じる予期せぬ自然への悪影響の定期的な評価が含まれている
指標 3.4 生態系の健全性および連続性を高める機会が特定され、NbS 戦略に取り込まれている
基準 4：NbS は経済的に実行可能である
指標 4.1 NbS に関連する直接的および間接的な便益と費用、負担者と受益者が特定され、文書化されている
指標 4.2 関連法規制および補助金を含む、NbS の選択を裏付ける費用対効果の調査が提供されている
指標 4.3 関連する外部性を考慮することにより、利用可能な代替的解決策に対する NbS デザインの有効性が正当化される
指標 4.4 NbS デザインは、市場ベース、公共セクター、自発的コミットメントおよび規制コンプライアンスを支持するためのアクションなど、資源調達オプションのポートフォリオを考慮する
基準 5：NbS は包括的で、透明性が高く、力を与えていくガバナンスプロセスに基づいている
指標 5.1 取組が開始されるまでに、定義され、十分に合意されたフィードバックおよび苦情解決メカニズムが全ての利害関係者に対して整備されている
指標 5.2 参画は、性別、年齢、社会的地位にかかわらず、相互尊重と平等に基づくものである。そして、先住民族の事前の自由なインフォームド・コンセントの権利を支持するものである
指標 5.3 直接的、または、間接的に NbS により影響を受ける利害関係者が特定され、NbS 活動の全てのプロセスに参画している
指標 5.4 意思決定プロセスにおいては、参画する全ての影響を受ける利害関係者の権利と利害が文書化、対応されている
指標 5.5 NbS の規模が行政界を超える場合、影響を受ける行政区域の利害関係者の共同意思決定を可能にするメカニズムが確立されている

基準6：NbSは主目的の達成と複数便益の継続的な提供の間のトレードオフを公平に比較考量する
指標 6.1 取組に関連するトレードオフの潜在的費用と便益が、明確に認識され、予防措置および適切な是正措置の指針となっている
指標 6.2 様々な利害関係者の責任とともに、土地および資源の権利、利用、アクセスが認識され、尊重されている
指標 6.3 相互合意されたトレードオフの限界が尊重され、NbS 全体を不安定化しないよう、確立された予防措置が定期的にレビューされる
基準7：NbSはエビデンスに基づき、順応的に管理される
指標 7.1 NbS 戦略が設定され、定期的なモニタリングおよび取組の評価の基礎として用いられている
指標 7.2 モニタリングおよび評価計画は、取組のライフサイクルを通して、策定、実施される
指標 7.3 順応的管理を可能にする反復学習の枠組が、取組のライフサイクルを通して採用されている
基準8：NbSは持続可能で、適切な法域の文脈の中で主流化される
指標 8.1 NbS のデザイン、実施、そして、得られた教訓は、根本的変化をもたらすよう共有されている
指標 8.2 NbS はその採用と主流化を支援するため、促進的政策や規制の枠組を方向付け、向上させる
指標 8.3 NbS は人間の幸福、気候変動、生物多様性、先住民族の権利に関する国際連合宣言（UNDRIP）を含む人権に関する国家および全世界の目標に資する

自然に根ざした解決策に関する IUCN 世界標準（2020）を元に岩浅作成

け、より具体的な自然共生社会像（**表1-2**）を明示しているのが特徴的である。

また、グリーンインフラで目指す「自然と共生する社会」の実現に向けて、あらゆる場面・分野に本格的にグリーンインフラを実装していくことが必要であり、その際に必要な７つの視点として「連携」、「コミュニティ」、「技術」、「評価」、「資金調達」、「グローバル」、「デジタル」を掲げている。さらには、「産学官金の多様な主体の取組の促進」、「実用的な評価・認証手法の構築」、「新技術の開発・活用の促進」、「支援の充実」など、様々な具体的な施策や取組を掲げている。

同年10月には同省は自治体向けに「グリーンインフラ実践ガイド[20]」を公表した。同ガイドは基本編、実践編、資料編からなる全130ページに及ぶ資料集であり、グリーンインフラの認知から実装の段階に入るべく、同ガイドの作成に携わった関係者の意気込みが感じられる。なお、同ガイドはグリーンインフラの概略、政策経緯、取組の方向性などグリーンインフラ政策を

表 1-2　自然共生社会像（国土交通省，2023）

・自然の力に支えられ、安全・安心に暮らせる社会
・自然の中で健康で快適に暮らし、クリエイティブに楽しく活動できる社会
・自然を通じて安らぎとつながりが生まれ、子どもたちが健やかに育つ社会
・自然を活かした地域活性化により、豊かさや賑わいのある社会

包括的に理解するために役立つ。

次に自治体における取組として、東京都における取組を紹介する。東京都では、人々の生活にゆとりと潤いを与える緑の価値を一層高め、都民と共に未来に継承していくため、100年先を見据えた新たな緑のプロジェクト「東京グリーンビズ[21]」を2023年７月に始動した。「グリーン」は緑・グリーン、樹木・緑地を指し、「ビズ」はビジネス・事業を指している。ビジネスと連動した実装的なものとなっている。そして、東京の緑を「まもる」「増やし・つなぐ」「活かす」取組の強化により、都市の緑化や生物多様性の保全等を推進し、「自然と調和した持続可能な都市」へと進化させていくこととしている。背景としては、気候変動への適応など「社会的な課題解決への緑の活用」や、新型コロナを契機に「開放的な緑空間等への需要」が高まるなど、都市に求められる機能や人々の価値観も変化し、海外都市では、グリーンインフラをはじめとした様々な取組が行われるなど、世界的にも自然環境と都市機能の調和がこれまで以上に重要視されていることを挙げている。まさにNbSやグリーンインフラの視点を踏まえた取組となっている。緑を「まもる」取組としては、樹木を守る新たなしくみ、生産緑地・農地等の保全・活用、保全地域の指定促進、水道水源林の保全管理、屋敷林等の民有地の緑の保全、街路樹の適切な維持管理を掲げている。緑を「増やし・つなぐ」取組としては、緑・自然の機能を発揮、都市公園・緑地等の整備、海上公園の整備、道路における緑の創出、民間開発に合わせた緑の創出、緑のネットワーク化を掲げている。緑を「活かす」取組としては、都民との協働、基金や募金の活用、公共空間を活用した緑あふれ人が憩う場の創出、森林循環・多摩産材活用を掲げている。

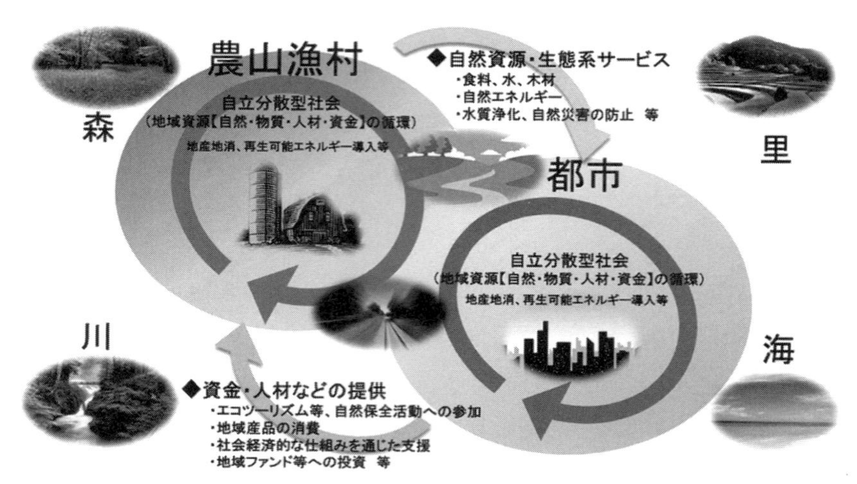

図 1-7　地域循環共生圏の概念（環境省，2018）(22)

最後に地域循環共生圏である（**図1-7**）。地域循環共生圏は2018年に環境省が第五次環境基本計画 (22) で打ち出し、脱炭素、資源循環、自然共生といった環境施策のあらゆる側面を統合し、地域活性化という共通の目標を目指す総合的な概念である。「地域循環共生圏」の創造は、農山漁村のためだけにあるのではなく、都市にとっても、農山漁村からの農林水産品や自然の恵み（生態系サービス）等によって自らが支えられているという気付きを与え、「見える化」し、自然保全活動への参加や環境保全型農業により生産された農産物の購入等の農山漁村を支える具体的な行動を促すことにもつながる。すなわち、「地域循環共生圏」は、農山漁村も都市も活かす、我が国の地域の活力を最大限に発揮する考え方である（環境省，2018）。地域循環共生圏においても、「統合」や「共生と循環」の考え方が反映されていることや、単なる概念に留まらず地域における具体的な社会実装（ローカルSDGs）を促していることが特徴である。なお、「地域循環共生圏」の概念は、現行の第六次環境基本計画 (23) においても踏襲され、同計画において同概念を地域の目指すべき姿として位置づけ、「新たな成長」の実践・実装の場として発展させていくこととしている（環境省、2024）。

第５節　自然共生社会の実現のための社会実装

最後に抽象ではない具体的な自然共生社会へと進めるために、取り組む際の視点を整理しておきたい。

1994年の「第一次環境基本計画」で「共生と循環」が長期目標となってから30年が経過し、2010年の生物多様性条約第10回締約国会議（COP10）で世界の長期目標である2050年ビジョンとして「自然と共生する世界」が掲げられてから15年が経過した。用語としては社会に広く認知されるようになったといえよう。しかしながらまだまだ抽象的な目標にとどまっており、社会実装という観点からは狭い分野としての自然保護、生物多様性分野、狭い主体としての行政や研究者、自然保護関係のNGO・NPO等の専門家、実務家に限られている印象は拭えない。加えて、上述したように1992年に生物多様性条約が締結されてから30年以上が経過したが、現在の自然資本は締結年と比較して４割減少しており生物多様性の損失は止まっていない。この要因としては、自然共生社会が広く周知されておらず概念や抽象の世界に留まっていることや、まだまだ社会実装の段階に移行していないこと、さらに社会実装のための法制度や人材が不十分であることなどが挙げられよう。

人類生存の危機を乗り越え、持続可能な社会、自然共生社会を実現するためには、経済や社会の基盤でもある自然に立ち返って、自然を活用した「イノベーション」と「ネイチャーポジティブ」の同時達成を図りつつ、自然の概念に根差した経済、社会の再構築（リデザイン）を図っていかなければならないことはもはや自明である。上述したように今こそNbSの視点に立ち、グリーンインフラ、地域循環共生圏などの具体的な概念を実装の段階に移行するかにかかっている。

自然共生社会は2050年までの長期目標として設定されているが、いきなりポンと現れるものではなく、社会、経済のイノベーションや再構築（リデザイン）を図りながら具体的な社会実装や多様な主体による共創の先にあるも

表 1-3　今後の社会実装や共創の際の視点

共生と循環、直線的思考から円環的思考、参加・協働・共創、ガバナンス、多様性、順応的、柔軟性、自律分散とアジャイル、二項対立を超えた統合、全体性、包摂性、寛容性、再生と利活用を含む「ネイチャーポジティブ」

のである。地域の課題を踏まえつつも、経済、社会、自然・文化の統合の視点に立ち、好循環に導いていくことが重要である。

今回の共同編者である岩浅、小堀、佐藤は今後の社会実装や共創の際の視点を整理した（**表1-3**）。なお、「市民科学」は本書を通底する重要な概念であり、社会実装や共創の大前提となっていることから敢えて記載していない。

特に重要なのがコミュニティに焦点を当てること、コミュニティを中心に考え、行動することが欠かせないが、既存のコミュニティは高齢化、人口減少・無居住化などにより衰退化しており、他人事、行政任せの中で自治力が低下していることは否めない。これを次章以降に提案する新しい市民科学のアプローチを活用することで、他人事を自分ごと、さらにはみんなごと化し、新しい自治と地域創生をも実現しつつ、具体的な自然共生社会を構築していく必要があると我々は考えている。

冒頭に述べたアタリ（2023）による気候、超紛争、人工化による人類自滅の脅威に関して、アタリは「方針を抜本的に転換するのなら、人類全員にとって明るい未来が訪れる」とも述べている。2050年ビジョン「自然との共生」の達成のためには、もはや今まで通りは許されず、抜本的方針転換、すなわち社会変革が必要とされる。本書は社会変革、イノベーションを起こすための市民科学のアプローチに今回着目することにした。その大きな可能性に期待している。

それでは次章以降、我々の考える市民科学のアプローチを様々な視点から見ていこう。

注

(1)「ネイチャーポジティブ（nature positive）」は「自然再興」と訳される。
(2)1991年4月に鹿児島県が設置、下河辺淳（座長）ほか22名、1992年9月までに計6回の懇談会を開催した。
(3)鹿児島県総合基本計画の戦略プロジェクトのひとつとして1992年に策定された構想であり、屋久島の豊かな自然とその自然の中で作り上げられてきた自然と人間のかかわり（環境文化）を手がかりとして、屋久島の自然のあり方や、地域の生活、生産活動を学ぶ「環境学習」を通じて、自然と人間の共生を実現しようとする新しい地域づくりの試み（公益財団法人　屋久島環境文化財団ホームページより）。
(4)https://www.nies.go.jp/kanko/news/27/27-2/27-2-04.html
(5)https://www.env.go.jp/policy/kihon_keikaku/plan/main.html
(6)https://www.biodic.go.jp/biodiversity/about/initiatives1/files/nbsap_1995.pdf
(7)“biosphere　integrity” を生物圏の「一体性」と訳したが、他に「完全性」や「健全性」と記載している文献もある。
(8)図中、「緑の水（green water）」は蒸発と蒸散で大気に戻る水を指し、その一部が森林，草地，天水作物などへの供給水となっていることから「緑の水」と呼ばれ、「青の水（blue water）」とは，河川，湖沼，貯水池，地下帯水層にとどまる水であり，我々が青いと認識することから「青の水」と呼ばれる（出典：京都大学大学院農学研究科地域環境科学専攻水資源利用工学ホームページ（https://www.wre.kais.kyoto-u.ac.jp/research/research01.html）より）。
(9)https://www3.weforum.org/docs/WEF_Global_Risks_Report_2023_JP.pdf
(10)https://assets.publishing.service.gov.uk/government/uploads/system/uploads/attachment_data/file/957292/Dasgupta_Review_-_Abridged_Version.pdf
(11)原文：https://www.cbd.int/gbo5
日本語版：https://www.biodic.go.jp/biodiversity/about/library/files/gbo5-jp-lr.pdf
(12)“Biosphere” は本来「生物圏」、「生命圏」と和訳することが適当であるが、わかりやすく「環境」とした。
(13)https://www.stockholmresilience.org/research/research-news/2016-06-14-the-sdgs-wedding-cake.html
(14)https://www.pwc.com/jp/ja/knowledge/thoughtleadership/2022/assets/pdf/consumer-survey-on-sustainability2022.pdf
(15)企業活動を経済面だけでなく、社会や環境に関する実績からも評価する考え方。
(16)https://www.sustainablebrands.jp/news/jp/detail/1197094_1501.html

(17) 1999年にBrandが自身の著書『The Clock of the Long Now』で「ペースレイヤリング」の概念を発表。変化スピードの違う６つの階層によって文明が構成されるという思考。

(18) https://portals.iucn.org/library/sites/library/files/documents/2020-020-En.pdf
https://portals.iucn.org/library/sites/library/files/documents/2020-020-Ja.pdf

(19) https://www.mlit.go.jp/report/press/content/001629422.pdf

(20) https://www.mlit.go.jp/report/press/content/001634897.pdf

(21) https://www.seisakukikaku.metro.tokyo.lg.jp/documents/d/seisakukikaku/green_action-2

(22) https://www.env.go.jp/content/900511404.pdf

(23) https://www.env.go.jp/council/content/i_01/000225523.pdf

引用文献

Elkington, J.（2020）*Green Swans: The Coming Boom in Regenerative Capitalism*, pp.248, 254-256. Fast Company Press, New York.

Richardson, K. et al.（2023）Earth beyond six of nine planetary boundaries, *Science Advances* Vol 9, Issue 37.

Brand, S.（1999）*The Clock of the Long Now*, pp.37. Basic Books, New York.

The Dasgupta Review: The Economics of Biodiversity（2021）〈https://assets.publishing.service.gov.uk/government/uploads/system/uploads/attachment_data/file/957292/Dasgupta_Review_-_Abridged_Version.pdf〉（2024年4月8日アクセス）

World Economic Forum（2020）*Nature Risk Rising: Why the Crisis Engulfing Nature Matters for Business and the Economy*.〈https://www3.weforum.org/docs/WEF_New_Nature_Economy_Report_2020.pdf〉（2024年4月8日アクセス）

岩浅有記（2015）「国土交通省におけるグリーンインフラの取組について」、『応用生態工学』第18(2)、165-166.

梅原猛（1996）『共生と循環の哲学―永遠を生きる』小学館.

大場真（2008）「自然共生という思想」、『国立環境研究所ニュース』27(2).

鹿児島大学鹿児島環境学研究会（2010）『屋久島環境文化懇談会「全記録」』、216-220.

河口真理子（2015）「新しくて古い「自然資本」という考え方」、『大和総研調査季報 2015年夏季号』19、109.

サステナブル・ブランド　ジャパン（2020）『トリプルボトムラインを提唱者が撤回，再生型資本主義への変革を』

〈https://www.sustainablebrands.jp/news/jp/detail/1197094_1501.html〉（2024年4月8日アクセス）
ジャック・アタリ（2023）『世界の取扱説明書（林昌宏訳）』、プレジデント社.
大正大学（2020）「椎尾弁匡」、『大正大学入門』、図書出版.
PwC Japanグループ（2022）新たな価値を目指して　サステナビリティに関する消費者調査2022.〈https://www.pwc.com/jp/ja/knowledge/thoughtleadership/2022/assets/pdf/consumer-survey-on-sustainability2022.pdf〉（2024年4月8日アクセス）
ポール・ホーケン，エイモリ・B・ロビンス，L・ハンター・ロビンス（2001）『自然資本の経済（佐和隆光監訳　小幡すぎ子訳）』日本経済新聞社.
前田恵學（1997）「椎尾辨匡師と共生の思想」、『印度學佛教學研究』45(2)、154-159.

第2章

市民科学とは
～多様性と新たな飛躍～

小堀洋美

第1節　はじめに

一般市民が科学研究活動に参加する市民科学は、過去20年間で飛躍的に進展し、現在の緊要な地球規模の環境問題や複雑な社会課題等に取り組むための強力なアプローチとして注目されている（小堀，2022a）。

環境をめぐる地球規模の深刻な状況は「人新世（Anthropocene）」という新たな地質年代の提唱に象徴されている。「人新世」はまだ、証拠の不足、開始の時期やスケールの視点から、正式な地質年代として認められていない。しかし、1950年代以降、地質に化石燃料、人工化学物質、放射性物質、プラスチック等の痕跡が広く見出され、人間活動の影響が拡大している。また、近年の人口の爆発的増加とそれに伴う社会・経済活動の急激な変化の様相は、「大加速化」と呼ばれている。このような人間活動の拡大は、地球という惑星が有する限界を超え、元に戻ることができない不可逆的で、破滅的な変化を起こしている。例えば、Earth Commission(1)は、地球システムの安定性と回復力を確保するための境界を定義している国際機関で、第１章でも紹介した2023年の「地球の限界」の最新報告では評価した９つの領域うち、６つの領域（気候変動、生物圏の一体性、土地利用の変化、淡水利用、窒素・

Key Word：社会生態システム（SES）、定義と用語、市民科学の潮流、市民科学の10の原則、目標と分類、ICT時代の実例

リンの生物地球科学的循環、新規化学物質）において地球の限界を超えたと報告している。

限界を超えている６つの領域の一つである生物圏の一体性は、38億年にわたる自然と生物間の相互作用の産物であり、陸域と水域の多様な生態系からなる。生物圏は、地球の全ての生物の生存基盤であるだけでなく、私たちのくらし、経済、社会も生物圏から恩恵を受けることで成り立っている。生物圏の豊かさと多様性は、生物多様性または自然資本と呼ばれ、生物多様性は遺伝子、種、生態系の３層構造から構成されている。人間も生態系の一員であり、生態系のもつ多様な機能（生態系のサービス機能）を活用し、最近では、生態系による人間のウェルビーイング（幸福、福利）に与える機能についても注目されている。しかし、現在の人間活動の拡大は生物圏の一体性を損ない、生物多様性の急速な減少を招いている。

従来、生態系と社会システムは別々に論じられることが多かった。しかし、最近の人間活動の拡大は、両者がお互いに密接に関係し連動していることを浮き彫りにしており、生態系と社会システムを一体的に捉えた「社会生態システム：Social-Ecological System」（以下、SESという）の視点が注目されている。本章では、本書が主眼としている自然再興と地域創生の好循環の構築、自然共生社会の達成に資する市民科学のアプローチを実装するために、市民科学についてSESの新たな視座から論じる。

2050年までに自然共生社会を構築することは、2022年に開催された生物多様性条約第15回締約国会議（COP15）の「昆明・モントリオール生物多様性枠組」（GBF）並びに2023年に閣議決定された日本の「生物多様性国家戦略　2023-2030」の長期目標に掲げられている。さらに、COP15と日本の生物多様性国家戦略では、中期目標として「ネイチャーポジティブ（自然再興）」を掲げている。

「ネイチャーポジティブ」とは、「生物多様性の損失を止め、さらに回復させること」である。この野心的な目標は、従来の締約国会議（COP）だけでは達成が難しいため、COP15の事務局は市民社会、企業、金融機関、若

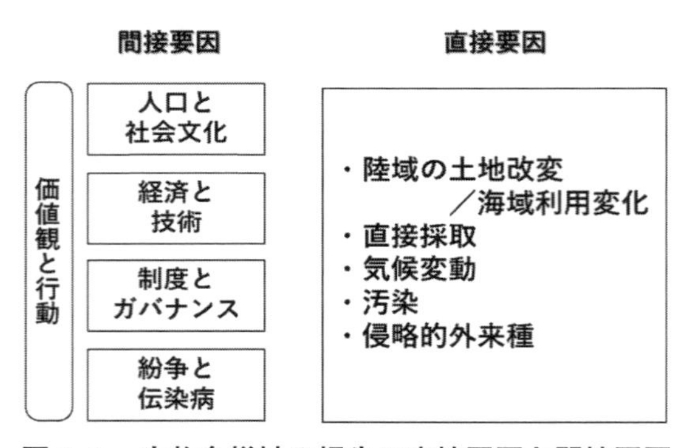

図 2-1　生物多様性の損失の直接要因と間接要因

生物多様性及び生態系サービスに関する政府間科学
－政策プラットフォーム（2019）を一部改変

い世代に会議への参画を促し、あらゆるセクターが緊急な行動を取ることを求めた。その結果、COP15は従来のCOPと異なり世界中からの参加者であふれ、日本の経済界からも経団連の他、多くの関係者が参加した。

『生物多様性と生態系サービスに関する地球規模評価報告書』（生物多様性及び生態系サービスに関する政府間科学政策プラットフォーム（IPBES), 2019）は、気候変動のIPCC報告の生物多様性版とも呼ばれており、生物多様性の損失は直接的な要因への対処だけでは解決できないことを指摘している（**図2-1**）。その理由として、直接的な要因の背景には人口問題、持続不可能な経済、制度とガバナンス、紛争や感染症等の間接的な要因、さらに、これらの間接的な要因を認容している私たちの価値観や行動があり、これらを含めた解決策の必要性が述べられている。また、「ネイチャーポジティブ」の実現には、今まで通りから脱却し、個人と社会の変革が必要であることも提案されている（生物多様性及び生態系サービスに関する政府間科学―政策プラットフォーム（IPBES), 2019)。

市民科学は、個人の変容並びに科学と社会に変革をもたらすことにより「ネイチャーポジティブ」に貢献できるアプローチでもあり、社会の期待が大きい。生物多様性に関する諸課題への挑戦は容易ではない。生物多様性を構成する生態系、種、遺伝子はいずれも時空間によって異なる特徴をもち、変化するため、現状把握と回復にはその場所に長年住み続け地域の自然や生きものを観察してきた市民の取組に大きな期待が寄せられている。近年、情報ツールの普及やオープンアクセス化により市民が収集したデータや集合知の共有・活用が容易になってきた。市民は、研究者や行政がこれまで対象としていなかったテーマやアクセスしにくい場所のデータや情報収集が可能である。したがって、「ネイチャーポジティブ」に向けて、今がまさに市民の出番といえよう。

本章では、(1) 市民科学の多様な定義と用語、(2) 世界の市民科学の潮流—社会生態システム（SES）—、(3) 日本の市民科学の潮流—社会生態システム（SES）—、(4) 市民科学のターゲットと目標、(5) 市民科学の特徴に基づく分類、(6) 市民科学の新たなステージとその飛躍について述べる。

第２節　市民科学の多様な定義と用語

2-1　市民科学の定義の多様性

市民科学は、広義には「専門家以外の一般の人々（市民）が自分の知力、余暇時間、リソースを用いて科学活動に参加すること」と定義されており、多くの場合は専門家や多様な組織と連携して取り組まれる（Oxford University Press, 2014; Kobori et al., 2018）。なお、市民科学における「市民」には、研究を本職とする科学者以外の全職種の社会人、生徒・学生等を含めた全ての社会の構成員が含まれる。

市民による科学研究の実装事例は各国それぞれに歴史があるが、市民科学の概念や定義が提唱されたのは1990年代以降である。Haklay et al. (2021) は、市民科学の代表的な35の定義を整理・分析し、**図2-2**に示す３つに類型化した。なお、これら定義の出典は、辞書や百科事典、市民科学団体、多国籍組織、米国の「クラウドソーシング及び市民科学法」、欧州委員会やその関連組織、研究組織等による定義等である。

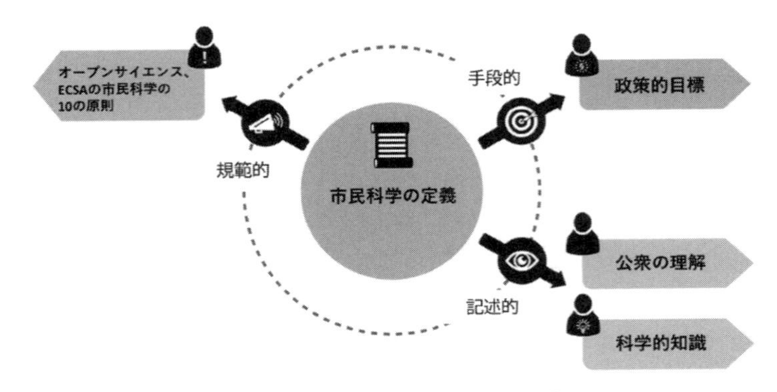

図 2-2　市民科学の定義の類型

Haklay et al.（2021）を筆者和訳

1）記述的な定義

主に市民科学の活動に関する記載が多く、一般市民の科学の理解促進や科学的な知識の獲得等の内容を含む。代表例は「市民科学」の定義を辞典として初めて記載したオックスフォード英語辞典（Oxford English Dictionary, 2014）の定義で、「研究を職業としない一般市民が、科学研究のプロセスに参加すること。多くの場合は専門の研究者や研究組織と協力して、あるいはその指導のもとで行われる」とされている。これは、前述した広義の「市民科学」の定義とほぼ同じである。

2）手段的な定義

実施主体や機関が定めた目標や目的にあった定義である。例えば、米国国立衛生研究所（NIH）は、地域社会を基盤とした参加型研究を推進している。地域住民は単なる研究対象ではなく、住民が地域の抱える健康や医療に関する研究チームに参加するなどの特徴が、市民科学の定義に反映されている。

3）規範的な定義

市民科学のプロジェクトに参加する市民には、研究者とは異なる新たな規範が求められる。市民は無償で自身の余暇時間、知識や労力を提供し、また、活動の場は、大学・研究機関等の確立された管理環境の枠外であるためである。

さらに、市民科学はオープンサイエンスの一形態として、オープンサイエンスとしての規範も求められる。従って、市民科学の定義に含むべき望ましい規範は、複数の要件が必要となる。欧州では市民科学の関係者の間で、規範について多くの議論が重ねられた。その成果は、2015年に欧州の市民科学協会（ECSA）が作成した「市民科学の10の原則」に集約された（**表2-1**）。この規範は、市民科学のプロジェクトに関わる実施・企画者や連携組織、参加者など、全ての関係者が常に念頭に置いてプロジェクトを進めることが望ましいため、本書では、その全文を**表2-1**に掲載した。この原則は、市民科学の定義を補完する意義もあるが、それ以上に規範を通じてあるべき市民科学、理想の市民科学を目指す上で有益であろう。

表2-1　市民科学の10の原則

1	**市民科学のプロジェクトは市民が科学の新たな知識を獲得し、科学への理解を深める試みである**
	市民は貢献者、協力者またはリーダーとしてプロジェクトで有意義な役割を担うこと
2	**市民科学プロジェクトが科学的成果をもたらすこと**
	例えば、科学的な問い(疑問)に答えること、保全活動、管理の決定や環境政策に資すること
3	**研究者と市民科学者が協力することで双方にとって利益があること**
	利益とは研究の成果物の出版、学びの機会、社会的な利益、科学的な貢献を通じての満足感、政策へ影響を与える可能性等
4	**市民科学者が望めば科学研究の多様なステージ（ステップ）に参加ができる**
	科学的な疑問を追求すること、調査方法を考えること、データを収集・分析し、その結果についてやり取りを行うこと
5	**市民科学者はプロジェクトからフィードバックが得られること**
	例えば、市民科学者のデータがどのような研究、政策、社会的な成果に使用されたかについて明らかにすること
6	**市民科学は研究アプローチの一つであり、他の研究と同様にその限界、偏りがあることを念頭に入れた配慮がされるべきである**
	市民科学は従来の伝統的な科学的なアプローチと異なり、市民の参加と科学の民主化をもたらす
7	**市民科学プロジェクトから得られたデータやその属性情報 は誰でもどこからでも利用でき、得られた結果はオープンアクセスが可能な形で公表すること**
	データは、安全性やプライバシーの問題が生じない限り、プロジェクトの進行中も終了後も共有する

8	市民科学者にはプロジェクトの結果や出版物で謝辞を記すこと
9	市民科学のプログラムの評価は、その科学的成果、データの質、参加者の経験、広い社会的、政治的なインパクト等の多面的な視点から行うこと
10	市民科学のプロジェクト・リーダーは著作権、知的所有権、データ共有の合意、機密保持、帰属権、環境影響に関する法的、倫理的問題への配慮が求められる

European Citizen Science Association（2015）より筆者和訳

2010年代には、国や国際組織が市民科学の定義を定めるようになった。国として最も早く市民科学を定義したのは米国である。2015年、オバマ政権の科学技術担当大統領補佐官による覚書には、「市民科学では、一般市民は科学的プロセスに自発的に参加し、研究課題の策定、科学実験の実施、データの収集と分析、結果の解釈、新たな発見、技術やアプリケーションの開発、複雑な問題の解決等、現実世界の問題に取り組む」と記されている（Holdren, 2015）。この覚書の内容は、2017年に連邦法として成立した「クラウドソーシング及び市民科学法（Crowdsourcing and Citizen Science Act）の市民科学の定義に採用された(2)。

また、欧州連合（EU）の欧州委員会は、オックスフォード英語辞典の定義を用いて、市民科学を「一般市民が、多くの場合、専門の科学者や科学機関と協力して、あるいはその指導のもとに行う科学的活動」と定義している（European Commission, 2016）。UNESCO（国際連合教育科学文化機関）の定義では、市民科学は科学的活動に参加する最も包括的で革新的な特徴をもつ点にも言及している。

市民科学の活動に参加している市民の属性は多様で、対象とする学術研究分野は幅広く、実施団体や市民科学プロジェクトそれぞれが、独自の目的、世界観、知識の構築へのアプローチ（認識論）、手法（方法論）、多様な形態（存在論）を用いている（Haklay et al., 2021）。このような市民科学の研究・対象分野、技術の進展を背景に、市民科学の定義もさらに変化していくであろう。

2-2　市民科学の２つの起源

「市民科学」の用語には２つの起源がある（小堀，2022a）。英国の社会学者のAlan Irwinは著書『Citizen Science』で、科学と科学政策プロセスを市民に開放する必要性を唱えた（Irwin，1995）。Irwinは、科学を科学者のみで独占せず市民の関心とニーズに応えるために「科学の民主化」を促し、市民自身が信頼できる科学的知識を生み出すことにより市民が政策プロセスにも関与できるよう、「科学の社会化」が必要であると論じ、これらを可能にするのが「市民科学」であると主張した。

一方、米国のコーネル大学鳥類研究所（Cornell Lab of Ornithology: CLO）の鳥類学者のRick Bonneyは、1996年に鳥類観察への市民の貢献を紹介する記事で「市民科学」という言葉を用い、科学的プロセスに基づいて市民がデータ収集することで、科学の理解を深めるプロジェクトを「市民科学」と定義した（Bonney，1996）。この定義に基づき、CLOのBonneyとDickinsonが編著者として、2012年に刊行した『Citizen Science: Public Participation in Environmental Research』は、環境分野で最初の市民科学の学術書となった（Dickinson and Bonney, 2012）。CLOではその後「e-Bird」等ウェブを用いた市民参加型プロジェクトを複数立ち上げ、現在も環境分野の市民科学を牽引している。市民科学の定義や意味の多くは、上記２つ起源に含まれる概念を包括している。

2-3　多様な市民科学の用語

「市民科学」には類似語や多様な用例があり、活動のあり方から、概ね以下の３つに大別できる。

1）「参加型モニタリング」、「ボランティア・モニタリング」

市民が実際に観測することに重点が置かれている（例えば、大気・水質、生物、星座等）。「参加型モニタリング」では、プロジェクトは研究者や研究組織、行政等が企画し、市民は観測データの収集にのみ参加する。「ボランティア・モニタリング」は、既存の市民科学プログラムへの参加に加え、市民自らが作製した測定装置による観測等を含む。

2）「コミュニティ・サイエンス」、「シビック・サイエンス」、「ボトムアップ・サイエンス」

主に地域の特定の課題に関心を持つ市民がグループを作り、科学的手法を用い現状把握に取り組む。市民が主体的な役割を担い、大気汚染や外来種等の環境問題や災害をめぐる課題について、地域の多様な組織と協働で取り組まれる場合も多い。得られた結果は行政に提言され、意思決定や政策に反映されることもある。

3）「クラウドサイエンス」、「クラウドソーシング・サイエンス」

オンラインプラットフォームやモバイルアプリケーション（以下、モバイルアプリという）を活用して、市民が地球上のどこからでも科学研究に参加できる。データ収集にスマートフォン搭載のGPS、カメラ、センサー、モバイルアプリが活用され、生物、天文、人文科学分野で急速に拡大している。

市民科学は多様化しており、用語の使用には様々な見解や議論が見られる。例えば、日本では、「市民科学」と「シチズンサイエンス」を同義語として用いる場合が多いが、２つを区別し、「市民科学」は、市民主導型の活動に用い、「シチズンサイエンス」は科学者が主導する貢献型の活動に用いる傾向も見られる。また、官庁においては、国土交通省は「市民科学」を用いており（国土交通省水管理・国土保全局下水道部，2017，2023）、内閣府は「シチズンサイエンス」と記している（内閣府，2016，2021）。

米国では、「citizen science」を「community science」に変更した組織や、両方を併記する組織が増えている。従来、市民科学の「市民」は、世界の市民または一般市民を意味するが、米国における「citizen」には、市民権を持つ住人という法的な意味を含むことから、市民権をもたない住人は市民科学の「市民」の対象外であるという誤解が生じてきた。そのため、市民権を持たない地域住民が多いロサンゼルス郡のロサンゼルス自然史博物館（NHM：Natural History Museum of Los Angeles County）では、2018年にcitizen scienceをcommunity scienceに変更した（Lila Higginsからの私信）。現在は用語の使用・変更をめぐる過渡期にあり、２つの言葉が併記されている（小堀，2022a）。

国際的な新たな動きもある。G7の学術会議は各国首脳に対する共同声明「インターネット時代のシチズンサイエンス」を発表した（Gサイエンス学術会議共同声明，2019）。この声明では、市民科学を以下の２つに分けている。

1) コミュニティ基盤の参加型研究（CBPR：Community-Based Participatory Research）：科学の専門的な訓練を受けてこなかった市民による参加型研究で、市民科学の主流を占めてきた。

2) 研究機関の枠組を超えた研究（BTWR：Beyond The Walls Research）：科学の専門的な訓練や教育を受けてきた市民が確立された研究環境（大学、行政、企業の研究組織など）の枠外で実施する協働・共創型研究である。これら人々は、多様な分野の大学院を卒業し、博士号をもつ人もいる。

現在のインターネット時代では、これら２つのカテゴリーに含まれる市民科学は、知識の民主化、コミュニケーション技術の刷新と高速化、オープンアクセスによってさらに急速に進展しており、その価値はますます高まっていくであろう。前者のCBPRは、科学ないし科学的手法に対する一般市民の理解の向上にさらに寄与することで、知識と学習の民主化に貢献するであろう。一方、後者のBTWRは、研究者や政府、研究機関等が従来アクセスできなかった領域での知識の向上とイノベーションを推進させる役割を担っていくであろう。すでに、BTWRは、研究システムの枠外における有能な個人を発見する機会となっており、民間企業で広がり始めている。

今後、環境、社会、経済の急速な変化を背景として、市民科学の定義や用語も変化し、再定義されていくであろう。

第３節　世界の市民科学の潮流―社会生態システム（SES）―

市民科学の歴史をSESの視点から概観すると、その取組の多くはSESの中に位置付けられる。市民による科学的探究と学問への貢献の長い歴史は、変化する人間社会と自然環境の関係に深く関わっており、科学と社会の関係を強化してきた。本節では、市民科学の特徴をSESの文脈から時代別に整理した。

3-1　初期の市民科学（16世紀～ 18世紀）

世界の市民科学の歴史は、16世紀頃から英国を中心とした欧州で始まった。アマチュアの科学者や自然愛好家は、動植物や鉱物の標本の収集や分類の活動に積極的に参加し、天体観察をはじめとする自然観察の結果を記録してきた。その成果は市民の手によってまとめられ、多くの自然誌が刊行された。市民は博物学の基礎知識の集積に貢献し、自然の理解に重要な役割を果たした。

アマチュアのエキスパートの中には、同じ関心を持つ人とネットワークを作り、研究の進展に貢献した人物もいる。例えば、18世紀の半ば、ノルウェー人の司教の一人は聖職者のネットワークを活用して、ノルウェー全土の自然物の観察や収集を依頼した。特に、宣教師の多くは宗教の普及活動のため、特定の地域に長く暮らすことで、地域の自然物について詳細に観察し、生物の収集に貢献した。また、スウェーデンの博物学者のCarl von Linné　は、現在の生物の種の命名法に用いられている二命名法（属名のあとに種名を記すラテン語による生物の学名の記載方法）による生物の分類法を確立したことで知られている。Linnéはその弟子たちや多くのアマチュア研究者に世界各地で動植物の採集を依頼していた。

3-2　市民科学の組織化（19世紀）

19世紀は、博物学の発展に寄与する資料の収集が進み、市民科学の組織化が進んだ時代である。

米国の市民科学は、独立宣言以前の1712年に英国のナチュラリストが北米の自然史を記録したことに端を発し、米国における初期の市民科学的活動の一つがルイス・クラーク探検隊（Lewis and Clark Expedition：1804～1806）である（Alan, 1972)。この探検には、著名なアマチュア科学者であった第３代米国大統領Thomas Jefersonから、植動物や地理に関する資料を収集する使命も与えられており、３年間に及ぶ探検で得られたデータは米国の博物学の発展に寄与し、多くの市民が探検隊の活動に関心を持つきっかけにもなった。

また、19世紀には英国・米国で博物館や科学協会が設立され、一般市民が科学研究に参加できる環境が整えられた。英国ではロンドン自然史博物館や王立協会が市民科学の中心的存在となり、多くのアマチュア科学者がこれらの機関と協力して研究を行うようになった。米国では1869年に米国自然史博物館がニューヨークに開設され、一般市民が科学的知識を学び、自然史に関するデータを提供する場が提供された。その後、市民による膨大なデータが博物学を支える大きな力となった。

3-3　市民科学のプロジェクトの広域化と環境運動の高まり（19世紀後半以降）

19世紀末頃から野鳥観察や植物調査等の市民科学プロジェクトが増加した。1900年に米国とカナダで始まった「クリスマス・バード・カウント」は現在も続けられている。英国では英国鳥類学協会（BTO：British Trust for Ornithology）(3) が設立され、アマチュアの鳥類観察者により集められたデータが体系的に収集・分析されるようになった。この時期の市民科学は、地域の生態系に関するデータを収集し、科学者による環境変化の理解に役立てるものであった。

20世紀の中頃から、市民科学は生物多様性の保全活動において重要な役割を果たすようになった。米国では、1960～70年代の環境運動の高まりとともに市民科学は新たな形態を見せるようになった。一般市民は、Rachel Carsonの『沈黙の春』(1962) 等の影響で環境問題に関心を持ち始め、自らデータを収集して環境保護活動に参加する動きが広がった。英国では、一般市民が鳥類やチョウ類の個体数を記録することで環境変化のモニタリングに貢献するプロジェクトも始まった(4)。19世紀後半から20世紀にかけて、SESの視点から、人間活動と生態系の相互作用に関する理解が深まった時期でもあった。

3-4　デジタル時代の市民科学（21世紀）

21世紀、インターネット環境やモバイル・テクノロジーの発展により、市民科学は新たな段階に入った。モバイルアプリを通じて、世界中の人々がデータを収集し共有することが可能となり、市民科学の取組への参加のハードルが低くなった。「iNaturalist」や「eBird」などの国際的なプロジェクトは、生物多様性のモニタリングにおいて重要な役割を果たしている。

このように、市民科学はその歴史を通じて科学と社会の架け橋としての役割を果たしてきた。SESの視点から市民科学の歴史を概観すると、以下の意義が読み取れる（**表2-2**）。

表2-2　社会生態システム（SES）の視点からの市民科学の意義

データの拡充	・プロの科学者だけでは収集できない広範なデータの取得により、生態系の変化やトレンドの把握を可能にしてきた。
市民の参画	・一般市民が科学（研究・調査）に参加することで環境保護意識や社会課題への関心が高まり、持続可能な社会づくりに貢献してきた。
相互学習	・科学者と市民の協働により、科学的知識の普及、地域の知識や経験の共有が促進された。

第４節　日本の市民科学の潮流―社会生態システム（SES）―

日本の市民科学の歴史は、その特徴から以下のように時代区分ができる。

4-1　江戸時代以前

世界で最も長い記録のいくつかは日本の記録である（小堀，2022a）。京都の桜の開花の記録は、８世紀から1,200年にわたり、宮廷の記録係や僧侶等様々な立場の人々によって残されており、長期間の気温変化の解析に活用されている。20世紀後半以降の急速な気温上昇を明らかにした研究成果もその一例である（Aono and Kazui，2008）。これらの記録は、温暖化や生物多様性の長期的変化を明らかにする上で貴重であり、現在でも活用されている（Primack and Higuchi，2007）。なお、産業革命以前の記録は人為的影響が少ない時代の環境のベースライン・データとして活用されている。

4-2　江戸時代の町人科学者の活躍

江戸時代（1603～1868）には、優れた市民科学者が多様な分野で活躍し、その知見を書籍や図鑑として著し、一般の市民もそれらを活用していた。

例えば、江戸時代初期の天文暦学者であった渋川春海は、日本各地の緯度・経度を測定し、「貞享暦」（和暦）を編纂した。この暦は、中国古代の暦に基づき、１年を15日ごとに24に分けた「二十四節気」からなる。さらに一節気を５日間ごとに分け、年間を72に区分した「七十二候」（**図2-3**）では、５日間での特徴的な自然現象、動物の生物季節、植物の生物季節の３つをセットとして表示している（小堀，2022a）。そのため、江戸時代の人々は暦を通じて細やかな自然や季節の変化を敏感に感じることができた。また、和暦は、衣替えの時期、農林漁業の作業の時期、地域の祭りや催事、地域の暮らしと密接に結びついていた。

和暦による生物季節は、身近な動植物の温暖化による影響を知る貴重な資

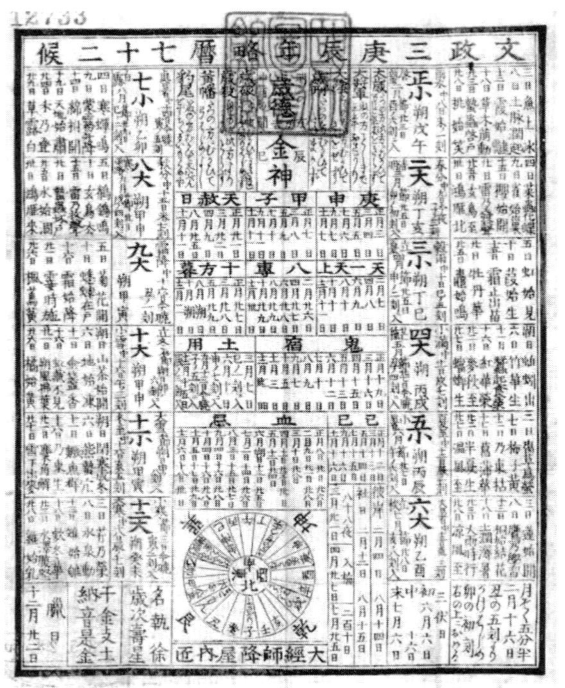

図 2-3　和暦の七十二候の事例

文政 3 年（1820）年『文政三年略歴七十二候』
明治 11 年版「懐中要便七十二候略歴」からの転写
国立国会図書館蔵

料ともなっている。筆者らは、明治時代に西暦が導入まで159年間使用されていた貞享暦を含む３つの和暦の生物季節と最近59年間の気象庁の生物季節観測データ（1953 ～ 2011）を用いて、この間の気温変化とそれに基づく動植物の生物季節の変化に有意な差があるかを調べた（Kobori, 2013）。その結果、現代の気温は江戸時代よりも3.5℃上昇したと予測された。京都と東京の和暦による生物季節の変化はツバメ以外では、有意な差がみられた。21事例のうち８事例を除き、現在では、江戸時代より春の生物季節の事象は早まり、秋の事象（紅葉）は遅くなっていた。動物は植物よりも温度変化に敏感な傾向あったが、秋の紅葉は、江戸時代よりも１カ月遅くなっていた（**図**

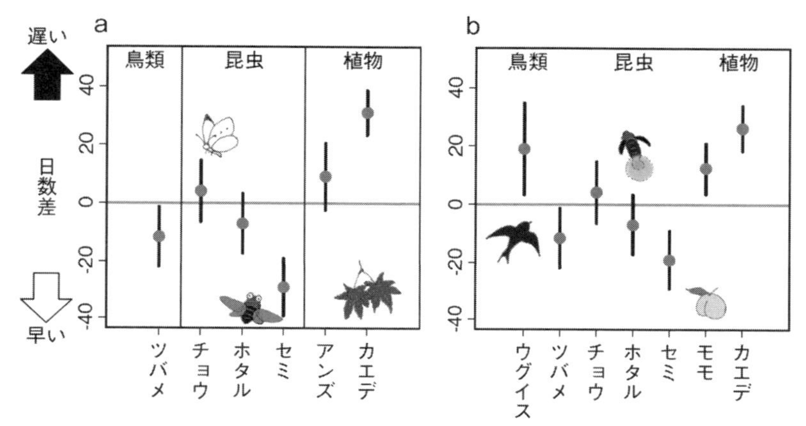

図 2-4　京都における江戸時代の和暦と現代の生物季節の変化

a：貞享暦と現在の変化, b：寛政暦を現在の変化　図中の線はSD（標準偏差）を示す。
（図は小堀，2022a から転載）

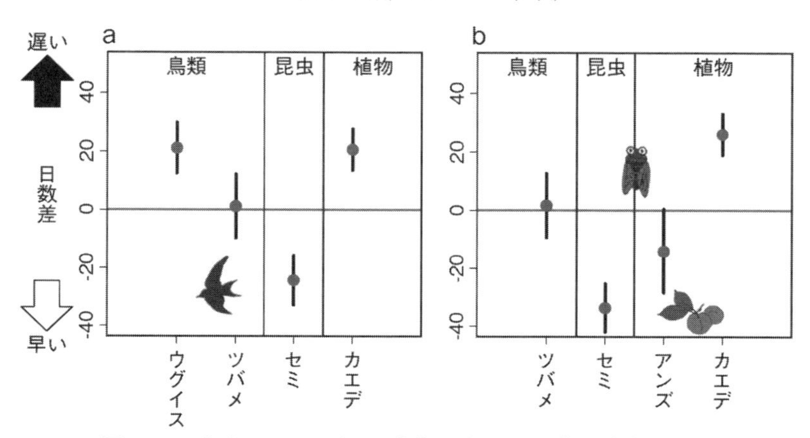

図 2-5　東京における江戸時代の和暦と現代の生物季節の変化

a：貞享暦と現在の変化, b：寛政暦と現在の変化　図中の線はSD（標準偏差）を示す。
（図は小堀，2022a から転載）

2-4、図2-5）。

江戸時代後期には、伊能忠敬らが『大日本沿海輿地全図』を編纂した。また、博物学者・民俗学者の南方熊楠は日本の自然保護運動の先駆けとして再評価されている。

4-3　明治時代から昭和初期

明治時代（1868 ～ 1912）は、西洋の科学技術の導入や学校教育制度の普及等により、社会全体で科学に関する意識や関心が高まった時代である。科学の普及を目的とした博物館や天文台では、一般の市民が動植物や天文学について学び、自ら観察する場となっていた。牧野富太郎は、日本の植物分類学の基礎を築いた市民科学者で、旧制小学校を２年で中退後、94年の生涯をかけて全国の約40万の植物標本を収集し、1,500以上の新種・新品種を命名した。その集大成である『牧野日本植物図鑑』は現在でも活用されている。牧野富太郎の活動は、専門家だけでなく植物愛好家や一般市民にも大きな影響を与え、植物の観察や採集が市民の間で広まった。

4-4　戦後の市民によるモニタリング調査

日本で最初の市民によるモニタリング調査は、1950年代における徳島県阿南市の２つの海岸でのウミガメ調査である（中藤，1994；鎌田，1994）。これらは世界で最も長期に継続されているウミガメの記録であり、アカウミガメの個体群の長期変動パターンの解明に活用されている。

4-5　自然・環境保護のための調査

1960年代には、自然を守る前提として、自然について知識を深める「自然教育」や自然のしくみを伝える「自然保護教育」が展開され、これらは現在の自然環境教育の原点となっている。

4-6　公害時代の市民調査

高度経済成長期の1960年代中頃から約10年間は、大気汚染、水質汚濁、自然破壊、重金属汚染等の問題が各地で顕在化した。健康被害も報告され、公害が社会問題となった時代である。1963年に静岡県は沼津・三島の石油コンビナート建設計画を公表した。しかし、近隣（三島市・沼津市・清水町）の住民らは、この計画が住民に多大な健康被害を引き起こすことを科学的に立証し、建設に反対した（三島市ウェブサイト[(5)]）。調査団の一員であった沼津工業高等学校の教師は生徒らと共に、鯉のぼりによる気流調査や牛乳ビンを用いた海流調査等を行った。また、様々な住民組織による学習会が数百回開催された（飯島・西岡, 1973）。市民による報告書は政府による『沼津・三島地区産業公害調査報告書』とは異なる見解を示し、石油コンビナートの計画撤回につながった。

4-7　地域レベルでの活動の展開

1970年代後半以降、社会の関心の対象は、公害問題から地域の自然・生物を知る活動、あるいは保全活動へと次第に変化した。一例として、20年以上にわたる野鳥観測の継続的な取組を紹介する。

福岡市、横浜市、北海道ウトナイ湖の公園では、市民と公園管理者が20年以上に渡り野鳥の観察・記録を続けてきた。筆者の研究室ではそれらの飛来した種の記録を解析し、越冬地として日本に飛来する渡り鳥の滞在期間が10日（福岡市）、30日（横浜市）、47日間（ウトナイ湖）とそれぞれ短縮していることから、渡り鳥への温暖化の影響を明らかにした（小堀, 2022b）。20年以上に及ぶ毎日の継続的な観察は、研究者や行政ではできない市民ならではの成果である。

4-8　全国規模の広域的なネットワーク

各地域で個別に行われてきた市民科学プロジェクトは次第にネットワーク化され、広域的な活動へと発展した。2000年代には、「市民科学」を冠した報告や活動も見られるようになった。

4-9　IT時代の新たな市民科学の幕開け

2010年代は新たな手法を用いた市民科学の幕開けの時代である。具体的には、以下の５つに分類できる（**表2-3**）。

表2-3　IT時代の代表的な市民科学の分類

・インターネットを活用した多様な分野の市民科学プロジェクトの開発と市民による活用
・緑のまちづくりや地域の生態学的な管理に市民科学のアプローチを用いた取組（コミュニティ・サンエンスとも呼ばれる） ・例えば、横浜市の緑のまちづくりや生態系管理の事例（小堀ら, 2014; 小松, 2015）
・科学研究の全ての段階に市民・NPO団体等が関わり、現場でのアプローチとウェブが統合されたプロジェクト ・地域の多様なセクターが協働し対象範囲の現状把握・課題解決を目的とした事例が多い。例えば、汎用性のあるスマホのアプリを用いて水辺の外来植物調査の目的にあった調査項目シートを作成し、市民が参加する多摩川の外来種しらべ等がある（Kobori, 2017）。
・海外で評価の高い市民科学のソーシャルネットワークを活用した国内外における独自のプロジェクトの開発・実装 ・例えば、「iNaturalist」のオンラインプラットフォームを用いた事例（Kobori et al., 2019）
・日本発の国際プロジェクトの世界での活用 ・例えば、マイクロプラスチックの調査事例[6]

これらの市民科学の取組は欧米では20年ほど前から始まっており、市民科学に量的・質的な飛躍をもたらした。日本でも情報社会の進展や社会環境の変化に呼応した新たな市民科学の時代が10年程前に到来し、市民科学の新たな幕が開かれたと言える。

日本における市民科学は、江戸時代から続く自然観察の伝統、明治時代以降の近代科学の導入、戦後の自然保護教育や地域社会での活動、そして近年のIT化、さらにICTの進展を経て発展してきた。このような変遷は、市民科学が地域社会や教育に深く根ざしており、現代の科学研究と社会問題解決において重要な役割を果たす基盤となっている。

第5節　市民科学のターゲットと目標

SESにおける市民科学のターゲットと目標は、SESに包含される多岐にわたる領域にまたがっており、市民が科学研究に参加することを通じて人間と生態系の相互作用を理解し、持続可能な社会の構築につながっていくことを目指している。以下に、SESにおける市民科学の主なターゲットと目標を示す。

5-1　ターゲット

1）データ収集とモニタリング

環境変化、生物多様性、生態系の健康状態を把握するために、プロの科学者だけではカバーしきれない広範囲・長期間にわたるデータを収集する。

2）コミュニティの関与と教育

気候変動への対応、生態系の保全や持続可能な資源管理に向けた実装、社会生態系に係る問題への一般市民の意識を高め、積極的な参加を促進する。その結果、地域のみならず地球規模の生態系に対する責任感と保護意識を育む。

3）政策と意思決定

コミュニティから収集された信頼性の高いデータを提供し、持続可能な管理・保全の取組につながる政策立案に役立てる。環境保護や持続可能な取組を実装する市民による科学的根拠に基づいた提案を政策に活かす。

5-2　市民科学の目標

1）科学的理解の向上

包括的で多様なデータ収集を通じて、社会生態系に関する科学的知識を向上させる。環境問題の社会的・経済的側面を統合した学際的な研究を促進する。

2）社会及びコミュニティの利益

地域社会での多様なセクターとの協働による環境プロジェクトを通じて、コミュニティの絆を強化し、多様なグループ間の協力を促進する。地域における科学リテラシー(7)、データ収集、分析の能力とスキルを向上させる。

3）環境保全と持続可能性の促進

種の保全や生息地の把握や生態系サービスの追跡に不可欠なデータを市民が提供することは、環境保全活動の促進、持続可能な資源管理の実装を支援する。そのために、地域コミュニティの構成員である市民をモニタリングと意思決定プロセスに関与させる。

4）イノベーションと技術の進展

市民科学プロジェクトに特化したデータ収集方法、分析ツール、コミュニケーションプラットフォームの革新を促進する。利用しやすい技術とオープンデータプラットフォームを通じて、科学研究へのアクセスを向上させる。

環境、社会、経済の３つの階層を一つのシステムとして捉えるSESのアプローチは、これらの階層間のつながりや因果関係に焦点を当てることによって、多様なターゲットを設定できる。その結果、市民科学の複数の目標を同時に達成できるのが強みである。

第６節　市民科学の特徴に基づく分類

市民科学のアプローチは多岐に渡り、その分類は様々である。代表例として、**表2-4**に科学研究への市民の関与の程度による分類を示す（Shirk et al., 2012）。

表 2-4　科学研究への市民の関与の程度に基づく市民科学の分類

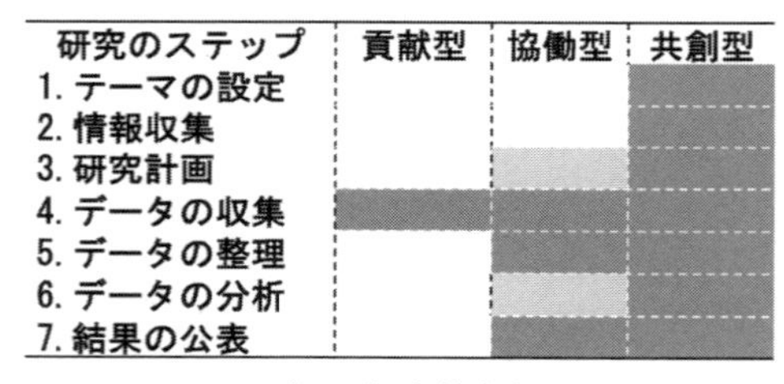

研究のステップ	貢献型	協働型	共創型
1. テーマの設定			
2. 情報収集			
3. 研究計画			
4. データの収集			
5. データの整理			
6. データの分析			
7. 結果の公表			

Shirk et al.（2012）を筆者和訳・一部改変

注　薄い灰色は、一部のプロジェクトでは市民参加で行われることを示す

この分類によると、貢献型では、７つの研究ステップのうち、市民が参加するのはデータ収集のみである。協働型では、市民はさらにデータの整理と結果の公表に参加する。共創型では、市民は研究者や研究機関と対等なパートナーとして全ての研究ステップに参加する。これら３分類のうち、国内外ともに多いのは貢献型で、オンラインを用いた市民科学ではその傾向が強い。一方、地域における実装を通じた共創型の市民科学の意義も認識され、増えつつある。

Senabre Hidalgo et al.（2021）は、貢献型と協働・共創型のアプローチを比較している（**図2-6**）。貢献型アプローチは、科学者が主導する場合が多い。ここでは、科学者は技術の活用や戦略について検討し、プロジェクトを企画・設計するプロジェクトマネージャーの役割を担い、市民はデータ収集の役割を担う。一方、協働・共創型のアプローチでは、地域の問題に向き合っている市民（団体）がテーマを提案する。科学者は、市民と協働して、プロジェクトの設計と企画を担当し、成果発表の場でファシリテーターの役割を務める。協働・共創型のアプローチは、アクション・リサーチやサイエンスショップ等、社会課題の解決に向けた場で活用される機会が増えている。

Dillon et al.（2016）は、プロジェクトの目標と得られる成果に基づいた

貢献型のアプローチ

科学者がプロジェクトマネージャーを担う

科学者が
プログラムの企画と設計を実施

市民によるデータ収集

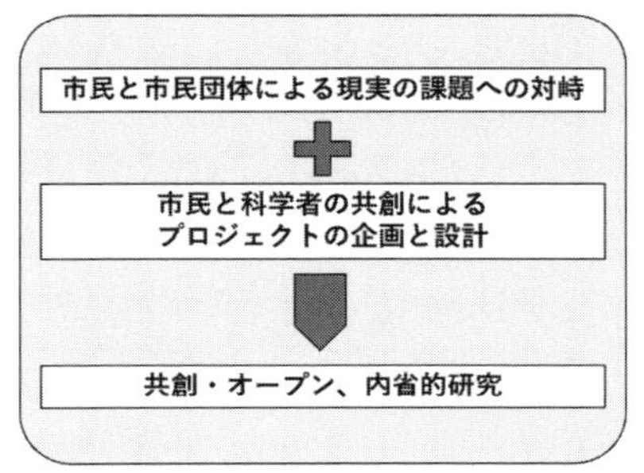

図 2-6　貢献型と協働・共創型のアプローチの比較

Senabre Hidalgo et al.（2021）を筆者和訳・改変

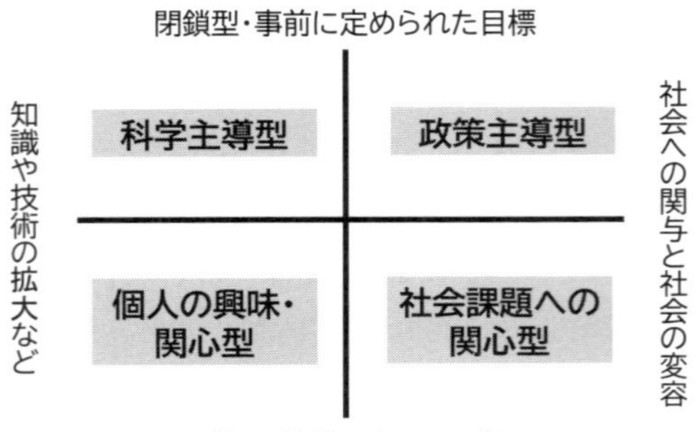

図2-7　市民科学の目標と成果に基づく分類

Dillon et al.（2016）に基づき筆者作成

分類を提案している（**図2-7**）。科学主導型の主な対象は科学研究で、科学者主導の場合が多い。政策主導型は政策目標の達成を目指し、政策立案者が市民を巻き込み政策への理解・参加を促す。個人の興味・関心型は、市民の内発的な動機に基づく観測や生物調査等が含まれる。社会課題への関心型は、環境・社会課題等への懸念からその解決を目指している。

第７節　市民科学の新たなステージとその飛躍

7-1　飛躍の背景

過去20年間のICTの進展により、市民科学の対象分野、規模、データの精度、手法は格段に飛躍し、特に欧米での進展は著しい。とりわけ、スマートフォン、モバイルアプリ、安価な測定機器等によるデータ収集が可能になったことで、教育の機会に恵まれなかった人々も市民科学の活動に参加が可能となり、世界各地で多くの人が知識創造に貢献できるようになった。特に、生物多様性、自然環境、天文学の分野での貢献は大きい。現在では、市民科学は、生化学、医学、公衆衛生、農業等の分野へも広がり、社会言語学や心理学等人文・社会科学分野でも活用されている。

7-2　ICTを活用した市民科学の事例

ICTを活用した市民科学のプラットフォームの実践事例は国内外で急速に増えている。本節では、以下の３つの事例を紹介する。(1) 国際的に最も人気のある生物多様性のプラットフォームである「iNaturalist」の特徴とそのプラットフォームの活用事例、(2) 文理の垣根を超えた過去の地震資料の翻刻プロジェクト、(3) 魚類の環境DNAを利用した河川と海洋での調査プロジェクトについて詳細する。

1) 「iNaturalist」の特徴とそのプラットフォームの活用事例

「iNaturalist」は、地球上の全生物群を対象とする唯一のプラットフォームで人気が高く、世界各地から775万人が登録している（2024年６月現在）。プロジェクトの運営は、世界最大の自然史博物館であるカリフォルニア科学アカデミー（California Academy of Science）とナショナルジオグラフィック協会（National Geographic Society）によって行われている。

「iNaturalist」では、観察者はスマートフォンのアプリから観察した生物の写真を位置情報と共に投稿する。投稿した観察者が種名を判別できない場合、AIにより10種程度の候補の写真が提案される。その後、研究者、ナチュラリスト、市民等の登録者による意見交換により種名が同定されると、研究用データとして公開され、GBIFにも登録される。汎用性も高く、「iNaturalist」をプラットフォームとして利用者が独自のプロジェクトを立ち上げることも可能である。筆者も、国内外で10ほどのプロジェクトを立ち上げてきた。

「iNaturalist」をプラットフォームとしたプロジェクトの中で、最も参加者数が多いプロジェクトは、世界の都市の生物多様性を参加都市の参加者同士が楽しく競う「City Nature Challenge」（CNC）である。CNCは、当初は米国国内の都市を対象としていたが、2018年から世界の都市へと拡大された。2024年には、世界500以上の都市が参加した。しかし、この間に、コロナ感染症が世界へ広がり、野外観察を伴うCNCへの影響が懸念された。BOX2-1

では、CNC東京のオーガナイザーを著者と共に務めてきた岸本慧大氏によるコロナ感染症が世界の都市および東京のプロジェクトに与えた影響について寄稿いただいた。

BOX2-1：コロナ禍における市民科学プロジェクトへの参加の継続と変容

岸本慧大（兵庫県立大学環境人間学部）

2020年から新型コロナウイルス感染症（COVID-19）が世界に拡大し、多くの国や都市でロックダウンが実施された。東京でも、4月からひと月以上にわたり緊急事態宣言が発令され、不要不急の移動が取りやめられた。その結果、様々な活動が、集団から個人・家族単位へ、遠方から近場へ、オフラインからオンラインへと移行した。

この未曾有の人間活動の減少（Anthropause）は、野生動物の行動や生息域に影響を及ぼしたと考えられる（Rutz et al., 2020）。加えて、野外調査・研究活動の多くが制限され、生物多様性のモニタリングデータの収集も困難となった。一方、市民はレジャーや運動を楽しむため、居住地周辺の社叢・公園・河川敷などを訪れる機会を増やした（Yamazaki et al., 2021）。

そこで筆者らは、生物多様性モニタリングを代替しつつ、楽しみや学習機会を提供する市民科学の可能性に着目した。具体的には、コロナ禍において、市民はプロジェクトにどのように参加し、生物多様性のデータはどのように蓄積されたのかを問いとした。そこで、コロナ禍におけるCNCを対象に、世界の参加者・観察数の変化、および東京での参加者の行動や観察場所の変化を調査した。

2019年から2023年にかけて継続的に参加した都市は、名称変更やエリアの大幅変更があった都市を除くと、アジア（東京・香港）、欧州（ルクセンブルク・カーロヴァック）、北中米（リッチモンド・アトランタなど）の14都市に限定されていた（図1）。東京・香港・リッチモンドなどの9都市では2019-2020年の間に参加者数や観察数が減少したが、翌年はそのうちルクセンブルク・アトランタを除く7都市で増加した。これは、コロナ禍の外出制限がCNCへの参加を抑制したと捉えられる。一方、カーロヴァック・インディアナポリスなどの5都市では2019-2020年の間に参加者数や観察数が増加し、さらにブラックスバーグでは翌年に更に増加した。これらは、市民がCNCを数少ない楽しみとして受け入れたという、前者とは逆の影響であると捉えられる。こうした国際的な違いの背景には、各国の新型コロナウイルス感染症の感染拡大の状況、外出に対する法的規制の違い、および生物に対する関心の違いがあると考えられる。

東京では、2019-2020年の間に参加者が60%以上減少した一方、毎日多くの観察を寄せる愛好家はほとんど変化がなかった。また、2019年には大規模な公園や里山など多様な生物の観察が期待できる場所で観察されたが、2020年には都市の社叢や公園などで観察された（Kishimoto & Kobori, 2021）。さらに、観察記録のうち研究用に資するものの割合は2019-2020年の間で増加した。これらは、コロナ禍に住居近くで参加できる趣味や活動の一環として、生物に関心の高い市民にCNCが受け入れられた証左であると考えられる。また、従来のデータは大規模公園や里山などに偏在していたが、コロナ禍の観察記録は従来データの少ない地域を補った可能性がある。

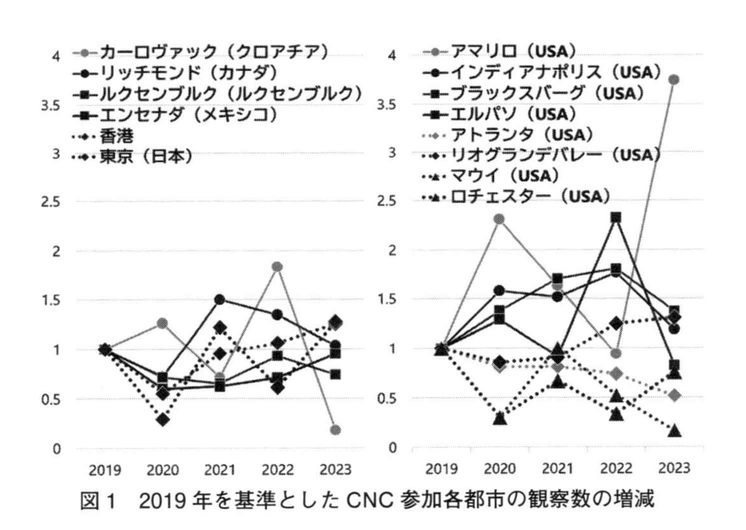

図１　2019年を基準としたCNC参加各都市の観察数の増減

コロナ禍において、CNCを通じた生物多様性モニタリングがとりわけ従来空白であった都市内部で継続されたことは、データ収集や市民の楽しみにとって重要な成果であった。さらに、世界ではコロナ禍において参加者数・観察数を増やした都市もあり、市民が生物多様性から受ける恩恵を見直す契機にもなったと考えられる。こうしたコロナ禍における市民科学プロジェクトの継続と都市内部における市民の参加やデータ収集が、これからの生物多様性の調査研究や保全活動に活かされることが期待される。

2）自然災害の歴史史料の文字起こしの「みんなで翻刻」

ICTを活用し文理の垣根を超えた全国レベルの事例である「みんなで翻刻」[(8)]は、過去の自然災害の歴史史料の手書きのくずし文字を起こす取組である。過去の地震・洪水などの自然災害を記録した歴史史料は、現在の防災にとっても貴重な資料であるが、古文書や古記録のくずし文字は、現在の活字に直さないと活用が困難である。翻刻とは、歴史史料を現代の活字に直し、データとして扱い易くすることである。「みんなで翻刻」では、少数の専門家だけではカバーしきれない翻刻に多くの市民が参加することで、歴史史料の解読を推進している。プロジェクトは、国立歴史民俗博物館、東京大学地震研究所、京都大学古地震研究会の連携により2019年より開始された。この取組には市民5,000人以上が登録し、600万文字の歴史史料が翻刻された。また、「みんなで翻刻」は、3,000以上の文字画像が収録されている文字学習支援アプリ「KuLA」との連携により、くずし文字の解読をゲーム感覚で学ぶことができる。

3）環境DNAを用いた日本の河川、沿岸の魚類調査

最近では、市民と多くの組織とが連携した取組も増えている。その一例として、2019年に設立された生物多様性観測網「ANEMONE」(9)による魚類の環境DNA調査を取り上げる。環境DNA調査とは、生物を捕獲せずに、水や土壌に含まれる生物の痕跡である微量なDNAから生物の種や分布を明らかにする日本で開発された画期的な手法である。

ANEMONEは、2020年に産官学民の連携による全国をカバーする魚類の環境DNA調査を沿岸、湖沼、河川等で開始した。市民はNPOから購入した調査キット用いて、自分が選択した場所で、採水、ろ過、分析試料を作成し、研究機関へ送付する。研究機関ではDNAの分析を行う。海運会社の船員は航海航路上で同様に試料を作成し、研究機関へ送付する。得られたデータはANEMONEのデータベースで公開され、活用されている（**図2-8**）。解析結果から、日本沿岸の魚種の温暖化による北上や回遊の変化が明らかとなり、宮城県南三陸町では温暖化による南方性魚類の探知にも活用されている。

7-3　市民科学の組織化

2010年以降、市民科学の組織化が進んだ。2013 ～ 2016年には、欧州、米国、

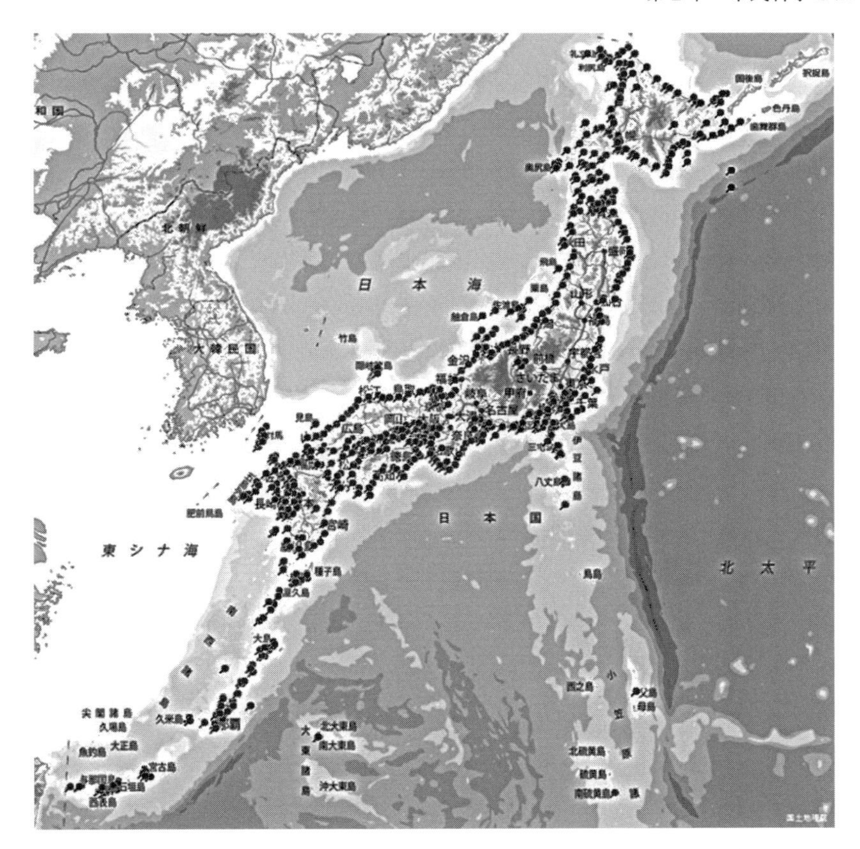

図 2-8　環境 DNA を用いた魚類の観測地点（2022 年時点）

出典：滝山展代・サイエンスポータル編集部, 2023（近藤倫生作成の図を改変）

豪州で市民科学の学会が設立され、市民科学のポータルやハブも作られている。例えば「SciStarter」(10) では、数千の市民科学プロジェクトの関連情報を検索できる。また、教材、教育手法、評価手法等の情報にアクセスでき、研究者、企画者と市民の交流の場としても活用されている。

日本では、内閣府の「第５期科学技術基本計画（2016-2020年度）」にオープンサイエンスとシチズンサイエンス（市民科学）が言及されている。また、2019年には、日本学術会議がG7の学術会議と合同で各国首脳に対する共同声明「インターネット時代のシチズンサイエンス」を発表した。声明では、シチズンサイエンスの開発は学校教育の段階から開始し、あらゆる年齢層の市民を対象とした科学訓練、さらに芸術や人文科学、法、教育、社会科学、倫理的観点の統合に対してより一層の努力が必要であることが述べられている（Gサイエンス学術会議共同声明，2019)。日本においても、政府と学術分野において、自然再興と地域創生の好循環をもたらす市民科学の重要性が明確に位置付けられる時代が到来したと言えよう。

それでは次の第３章では科学・実装研究の側面からの市民科学のアプローチ～原則から変革まで～を見ていこう。

注

（１）https://earthcommission.org
（２）同法は、米国の全ての連邦科学機関に対しクラウドソーシングや市民科学の成果の使用権限を与え、各機関とプロジェクト参加者に多くの利益をもたらすことを目的に制定された。
（３）https://www.bto.org/
（４）例えばGarden Birdwatch　https://www.bto.org/our-science/projects/gbw/
　　Big Butterfly Count https://bigbutterflycount.butterfly-conservation.org/
（５）https://www.city.mishima.shizuoka.jp/ipn001983.html
（６）https://pelletwatch.jp
（７）「リテラシー（literacy)」とは、もともと「読み書きの能力」を表す言葉であり、現在は「ある分野に関する知識やそれを活用する能力」とされる。
（８）https://honkoku.org
（９）https://anemone.bio/anemone_ja/
（10）https://scistarter.org

引用文献

Alan, J.L.（1972）An analysis of the exploratory process: The lewis and clark expedition of 1804-1806. *Geographical Review*, 62（1). pp.13-39.

Aono, Y. and K. Kazui.（2008）Phenological data series of cherry tree flowering in Kyoto, Japan, and its application to reconstruction of springtime temperatures since the 9th century. *International Journal of Climatology*,28（7). pp.905-914.

Bonney, R.（1996）Citizen science: A lab tradition. *Living Bird: For the Study and Conservation of Birds*, 15（4）, pp.7-15.

Dickinson, J.L. and R. Bonney.（2012）*Citizen Science: Public Participation in Environmental Research*. Ithaca: Cornell University Press, Comstock Publishing Associates.

Dillon, J., R.B. Stevenson and A.E.J. Wals.（2016）Introduction to the special section moving from citizen to civic science to address wicked conservation problems. *Conservation Biology*, 30（3）, pp.450-455.

European Citizen Science Association.（2015）*Ten Principles of Citizen Science*. Berlin: European Citizen Science Association. 〈https://www.ecsa.ngo/documents/〉（2023年9月10日アクセス）

European Commission.（2016）*Open Innovation, Open Science, Open to the World - A vision for Europe*. Luxembourg: Publications Office of the European Union.

Haklay, M., D. Dörler, F. Heigl, M. Manzoni, S. Hecker and K. Vohland.（2021）What is citizen science? The Challenges of Definition. In K. Vohland et al.（Eds.）*The Science of Citizen Science*. Cham: Springer.

Holdren, J.P.（2015）Addressing societal and scientific challenges through citizen science and crowdsourcing. Memorandum to the Heads of Executive Departments and Agencies. Washington DC: White House Office of Science and Technology Policy.

Irwin, A.（1995）*Citizen Science: A Study of People, Expertise and Sustainable Development*. London: Routledge.

Kishimoto, K and H. Kobori.（2021）COVID-19 pandemic drives changes in participation in citizen science project “City Nature Challenge” in Tokyo. *Biological Conservation*, 255, pp.1-8.

Kobori, H.（2013）Citizen science in Japan: Strength and challenges. *Symposium in 42nd Annual Conference of North American Association of Environmental Education*.（招待講演，要旨等なし）

Kobori, H.（2017）Application of ICT for citizen science project on invasive plant species in river bed of a major river of Tokyo Metropolitan area. *the Citizen Science Association Conference, Saint Paul, May 2017*.

Kobori, H., E.R. Ellwood, A. J. Miller-Rushing and R. Sakurai.（2018）Citizen Science. In. B.D. Fath（Ed.）*Encyclopedia of Ecology, 2nd*. Amsterdam: Elsevier.

Kobori, H., D. Togane, Y.S. Ham and R. Sakurai.（2019）Implication and evaluation of citizen science program “City Nature Challenge 2018-Tokyo” with collaboration of 68 cities in the world. *the Citizen Science Association*

Conference, Raleigh, March 2019.
Oxford English Dictionary.（2014）Citizen Science. Oxford University Press.
Primack, R.B. and H. Higuchi.（2007）Climate change and cherry tree blossom festivals in Japan. *Arnoldia*, 65（2）. pp.14-22.
Rutz, C. et al.（2020）COVID-19 lockdown allows researchers to quantify the effects of human activity on wildlife. *Nature Ecology and Evolution*, 4, pp.1156-1159.
Senabre Hidalgo E., J. Perell, F. Becker, I.Bonhoure, M. Legris and A. Cigarini.（2021）Participation and co-creation in citizen science. In K. Vohland et al.（Eds.）*The Science of Citizen Science*. Cham: Springer.
Shirk, J.L., H.L. Ballard, C.C. Wilderman, T. Phillips, A. Wiggins, R. Jordan, E. McCallie, M. Minarchek, B.V. Lewenstein, M.E. Krasny and R. Bonney.（2012）Public participation in scientific research: a framework for deliberate design. *Ecology and Society*, 17（2）, 29.
Yamazaki, T. et al.（2021）Use of urban green spaces in the context of lifestyle changes during the COVID-19 pandemic in Tokyo. *Sustainability*, 13（17）, 9817.
飯島伸子・西岡昭夫（1973）「公害防止運動」『岩波講座　現代都市政策Ⅵ　都市と公害・災害』、岩波書店.
鎌田武（1994）「蒲生田海岸のウミガメ情報」日本ウミガメ協議会編『日本のウミガメの産卵地』、日本ウミガメ協議会、59～65.
国土交通省水管理・国土保全局下水道部（2017）『下水道の「市民科学」ガイドブック～行政と連携しながら行う市民科学の取り組みを知る～』、国土交通省水管理・国土保全局下水道部.
国土交通省水管理・国土保全局下水道部（2023）『下水道の「市民科学」取組事例』（2022年3月公表、2023年3月更新）、国土交通省水管理・国土保全局下水道部.
小堀洋美・桜井良・北村亘（2014）「私有地の緑を活かしたコミュニティづくり―横浜市の「みどり税」を活用した行政・地区・大学との協働による試み」『環境情報科学』43（1）、一般社団法人環境情報科学センター、34～39.
小堀洋美（2022a）『市民科学のすすめ』、文一総合出版.
小堀洋美（2022b）「冬鳥シーズンが短くなっている?～市民科学が明らかにした冬鳥への温暖化の影響」『Birder』36（1）、文一総合出版、70～71.
小松直哉（2015）「日本における生物多様性保全のための市民科学の評価と改善に関する研究」東京都市大学大学院環境情報学研究科博士学位論文.
生物多様性及び生態系サービスに関する政府間科学―政策プラットフォーム（IPBES）（2019）『IPBES生物多様性と生態系サービスに関する地球規模評価報告書　政策決定者向け要約』、環境省.

Gサイエンス学術会議共同声明（2019）「インターネット時代のシチズンサイエンス（仮訳）」、『学術の動向』24, pp.9_116-9_119.
滝山展代・サイエンスポータル編集部（2023）「《JST共催》持続可能な生物環境を作ろう　サイエンスアゴラ2023オンライン企画「ネイチャーポジティブと科学技術」より」『科学技術振興機構　サイエンスポータル（2023年12月22日付）』.〈https://scienceportal.jst.go.jp/explore/reports/20231222_e01/〉
内閣府（2016）第5期科学技術基本計画.
内閣府（2021）第6期科学技術・イノベーション基本計画.
中藤覚（1994）「日和佐大浜海岸におけるアカウミガメ（Caretta caretta）の産卵と保護の概要）」日本ウミガメ協議会編『日本のウミガメの産卵地』、日本ウミガメ協議会、54～58.

第3章

科学・実装研究の側面からの市民科学のアプローチ
～原則から変革まで～

小堀洋美

第1節　はじめに

市民科学は市民の科学的知識を向上させ、科学・実装研究、政策・地域自治、教育・社会的学習に関する課題解決や政策提言に貢献するアプローチである。本章では、市民科学の科学・実装研究の側面に焦点を当て、その重要なアプローチと研究成果について論じる。第1に、科学としての市民科学のアプローチについて述べる。具体的には (1) データの質を保証する方法、(2) データの質の保証の実態、(3) プログラムの評価の3点について述べる。第2に、市民科学の研究による成果から明らかにされた市民科学プロジェクトの特徴について述べる。第3に、本書の主要テーマであり、自然共生社会の構築に向けた中期目標である「ネイチャーポジティブ（自然再興）」を実現する際に規範とすべき、保全生物学の原則とそのガイドラインについて述べる。生態系による恵みの維持・回復、自然資本を守り活かす社会経済活動には、生態系保全・復元の原則を踏まえることが不可欠である。第4に、本書の中心的課題であり市民科学プロジェクトとして最も事例が多い、生物多様性に関する事例とその研究成果を紹介する。第5に、市民科学がもたらすイノベーションについて述べる。ここでは、VUCAの時代[(1)]に特有な解決が

Key Word：科学・実装研究、科学としてのアプローチ、データの質の保証、研究成果からの特徴と課題、社会生態システム（SES）からの実装事例、変革のための市民科学

困難な複合的な課題と向き合う上で求められている、市民科学による個人と社会の変容・共創のプロセスを提案する。さらに、その結果得られる地域社会における新たな自治と自然共生社会の構築に向けた集合知の活用について述べる。第６に、最近の社会生態システム（SES）からの市民科学のアプローチについて論じ、生態系を基盤とした自然共生社会に向けた市民科学の事例について詳説する。

第２節　科学としての市民科学のアプローチ

市民科学は、従来の科学者による科学の方法と異なる。そのため、市民が収集したデータの質を保証するための新たな方法が必要であり、市民科学に適したプログラムの評価も重要である。

2-1　データの質の保証の方法

市民科学によるデータの精度を保証するために、すでに複数の方法が開発されている（小堀，2022）。本節では、６つの主な方法について紹介する（Wiggins et.al.，2011; Goodchild and Li，2012）。なお、多くのプロジェクトでは、下記の６つの方法を含めた複数の方法が用いられている。

1）集合知を活用する方法

データの精度は、複数の参加者が同じ観察を行う、あるいは、一つの画像データを複数の参加者が個別に解析する等により向上される。そのため、クラウドソーシングによる不特定多数の参加者の回答や成果を集めた集合知を利用する方法である。例えば、国際的なオンラインの市民科学である「Zooniverse」(2) では、天文学、生物学、歴史学、気候学など、様々な分野のプロジェクトがあるが、同じ画像を用いた分類作業やデータ分析に多くの人がかかわることで、精度を上げている。

2）社会的アプローチ

参加者の階層・階級を利用し、情報をチェックすることでデータの正確さを高める方法である。例えば、生物多様性のモニタリングでは、データの質の向上のためにデータの正確さを経験豊富な人に判断してもらう方法が用いられることが多い。その事例として、英国のオープンユニバーシティ（公開大学）が運営しているソーシャルネットワークのプラットフォーム「iSpot」を紹介する（Silvertown et.al., 2015）。「iSpot」では、登録している市民が観察した野生生物の画像をウェブ上で投稿すると、観察結果がネットワーク上で共有され、80人以上の専門家の協力により種が特定される。観察記録のデータベースは公開され、プログラム参加者の種の同定能力を向上させる教育的な効果も上げている。

3）地理的手法

提供された情報がその場所で見られたことの妥当性について地理的知識により確認する方法である。例えば、通常は海洋にしか生息していない哺乳類が河川で確認された場合には、生存情報が地理情報や地理的知識からの妥当性を確認し、必要な場合には報告者に問い合わせる。

4）ドメイン知識によるアプローチ

ドメイン知識とは特定の専門分野についての知識のことであり、この方法では、地理的な知識に加え、収集された情報に関する分野の既存の知識を活用してデータの正確性を確認する。例えば、観測データが更新された際、その観測値が既存の知識と矛盾していないかが確かめられる。時間的・地理的な異常値等を見出す際にも有用である。

5）機器による測定を用いた方法

人力による収集データに各種機器で計測した情報を追加することで情報の質と正確さを担保する方法である。最近では、小型で性能が高くかつ安価な機器が入手でき、位置情報、画像、音声等の収集が容易になった。そのため、人手による収集データに各種の機器の計測情報を追加する方法である。

6）プロセスアプローチ

精度の高いデータが提供されるよう、企画者から参加者にデータ収集の過程・手順をあらかじめ提供する方法である。参加者のデータを収集後に、それらのデータが標準的な手順に従って収集されたかを確認する。具体的な例として、参加者に提供される標準化された機器、指示書、オンラインによる作業手順の習得訓練、定型データ（構造化データ）による記録プロセス等によりデータの精度が担保される。例えば、米国の「CoCoRaHS：Community Collaborative Rain, Hail, and Snow Network」（降雨･雹（ひょう）･降雪ネットワーク）[3]では、参加者は標準化された降雨・降雪測定機器、設置方法の指示書、データ収集・報告の方法についてオンラインで学ぶ教材・資料の提供を受ける。参加者がこれらに従うことで、データの精度は確保される（Cifelli et.al., 2005)。

2-2　データの質の保証の実態

Wiggins et al. (2011）は、市民科学プロジェクトのデータの質の保証について実態調査を行った。調査の対象者は、コーネル大学鳥類研究所（CLO)、カナダ市民科学ネットワーク、scienceforcitizens.net[4]のオンラインコミュニティに登録された市民科学プロジェクトの管理者ないしプロジェクト管理に関心がある840人（280プロジェクトと個人560人）で、そのうち回答を得た、北米の中規模プロジェクトを中心とする63件について分析している。

その結果、精度保証の方法として最も多かったのは、専門家による検証で(77%)、以下、写真の提出（40%)、オンラインによる報告と併せて紙の記録の提出（33%)、複数回・複数人による確認（23%)、品質管理・保証のための研修プログラム（22%）等の手法が用いられていた。

また、3/4のプログラムで複数の手法が用いられており（75%)、単一の手法のみで精度を確保しているプロジェクトは２割に満たなかった（17%）。複数の手法で精度保証されている場合、平均で2.5の手法、最多で５つの手法が用いられていた。さらに、手法の組み合わせとして、専門家＋写真（23%）、専門家＋（特異な報告の場合の）自動による選別（18%）、専門家＋紙の記録（17%）、専門家＋複数回・複数人による確認（17%）等の組み合わせで精度が保証されていた。これらの結果から、多くの市民科学プロジェクトでは複数の検証手法が用いられ、専門家との協働によりデータの精度が保証されていることが明らかとなった。

2-3　プロジェクトの評価

市民科学のプロジェクトの評価とは、プログラム、方針、データライフサイクル（5）等の強み、弱み、機会、脅威を分析・整理し、プロジェクトの有

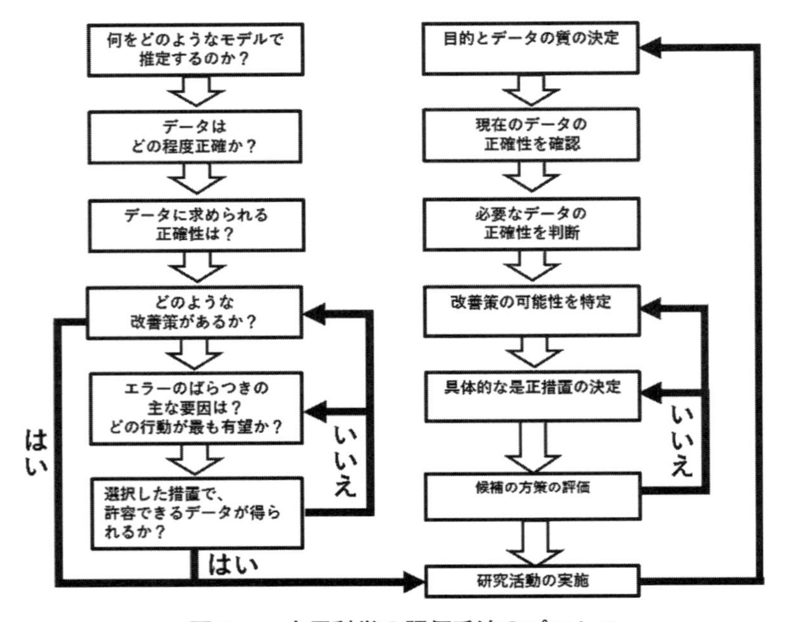

図 3-1　市民科学の評価手法のプロセス

Clare et al.（2019）を筆者改変

効性を高める取組である。Clare et al.（2019）は、市民科学における評価の手順を７つのステップに整理した（**図3-1**）。７つのステップは、(1)目的を明確にして、データの品質を定める、(2)現在のデータの正確性を確認する、(3)必要なデータの正確性を判断する、(4)改善の可能性を特定する、(5)具体的な是正措置の候補を挙げる、(6)候補となる取組を評価し選択する、(7)精査、からなる。

市民科学の評価方法は、実施したプログラムについての評価とプログラムの参加者の行動や心理的な動機付けなどを目的とした、２つに分けられる。その詳細については、「市民科学のすすめ」（小堀，2022）で記述している。

第３節　研究成果からみる市民科学の特徴

3-1　プロジェクトの目的と活動内容

この20年間に、多くの市民科学プロジェクトが世界中で実装され、得られた成果は学術論文として数多く公表されている。Follett and Strezov（2015）は、市民科学がどのような目的を持ち、どのような活動が実施されてきたかについて、市民科学の研究成果（論文）を基に分析した。分析には、信頼性が高い学術論文データベースであるWeb of ScienceとScopusより、1997～2014年に掲載された査読付き論文のうちEUが規定している市民科学の定義、すなわち「知的努力、周辺知識、それらのツールやリソースを用いて科学に貢献する積極的な一般市民の参加」に該当する888件の市民科学の論文を用いた。

その結果、論文数は2010年以降急速に増加し、論文の内容は、市民科学プロジェクトを対象とした論文が最も多く（47％）、以下、市民科学一般（概要やレビューを含む）（29％）、方法論（17％）と続く。プロジェクトの研究のほとんどでデータの検証手法が議論されているにも関わらず、検証研究の論文は少なかった（３％）。

プロジェクトの内容は各論文の目標から分類された。最も多かったのは、科学的発見に着目した研究を含む調査研究（61%）で、以下、保全に関する研究（18%）、バーチャル・プロジェクト（12%）、教育（7%）であった。調査研究のプロジェクトは2009年より増加傾向が認められ、2012年以降急速に増加している。

3-2　市民科学プロジェクトの効果と課題

Hecker et al.（2018）は、欧州委員会におけるオープンサイエンスの取組を踏まえ、欧州の市民科学の状況を把握するため、2016年10～11月に市民科学プロジェクトのコーディネーターを対象にオンラインによるアンケート調査を実施した。調査はプロジェクトのタイプ、プロジェクトが与えた影響と付加価値、課題、資金調達スキーム、成果の5つに焦点が当てられ、174人の回答者から信頼性の高い情報を得た。なお、回答者の在住地は中欧（40%）、西欧（32%）、南欧（16%）、北欧（10%）、東欧（1%）である。

調査結果のうち市民科学プロジェクトが影響を与えた分野は、**図3-2**に示すように、「科学コミュニティの一層の交流・意思疎通」（77%）、「教育」（75%）、「科学政策の一層の意思疎通」（49%）、「根拠・裏付けの強化」（47%）、「行動変容」（43%）、「コミュニティ政策の一層の交流・意思疎通」（40%）を挙げていた。

この結果から、欧州における市民科学の特徴として、市民と科学者・科学組織との協働がよく機能しており、教育的な成果が極めて高いことが挙げられる。特に、約半数が「科学政策の一層の意思疎通」を挙げている点は注目に値する。また、半数近くが、「行動変容」と「根拠・裏付けの強化」を挙げている点は市民科学の成果として評価できる（**図3-2**）。

一方、市民科学の課題として、「資金不足」（75%）、「データの質への懸念」（70%）、「コーディネーターの専門分野における市民科学の認識」（68%）、「教育と連動されていないこと」（68%）、「市民科学プロジェクトは時間がかかること」（65%）、「学界における評価・認識不足」（60%）、が挙げられていた。

付加価値としては、回答数の3/4が「大規模なデータセットができること」

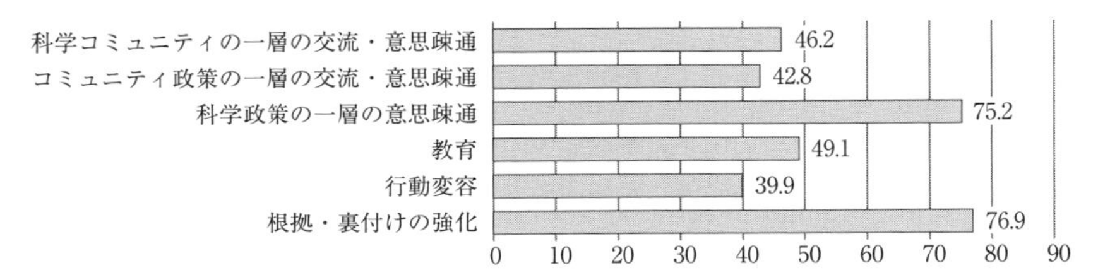

図 3-2　市民科学プロジェクトが影響を与えた分野（複数回答）

Hecker et al.（2018）を筆者和訳

（75％）を挙げた。また、約５割が「市民による専門知識の提供」を評価しており（47％）、「市民科学により研究の妥当性が高まる」（45％）と考えていることも明らかになった。

さらに、Hecker et al.（2018）は、市民科学プロジェクトがその創造性を損なうことなく現在進行中の政策プロセスに貢献できるよう配慮することの重要性を指摘している。そのためには、地方と国が早期から連携することにより政策の革新をもたらすプロジェクトの設計・開発、および市民科学のコミュニティの変化を長期間モニタリングし、欧州の市民科学の進展を把握することの重要性を指摘している。

第４節　保全生物学の原則とそのガイドライン

本節では、「ネイチャーポジティブ」を実現するための基礎としての保全生物学の原則について取り上げる。

4-1　保全生物学とは

保全生物学は、地球上の全ての生物、人間、社会にとって共通の価値である生物多様性を保全することを学問の使命としている（Primack，1993）。

生物多様性は人々の日々の営み、文化、社会、経済の基盤を支えているが、人間活動の拡大と加速は深刻な生物多様性の悪化を招いている。保全生物学は、このような地球規模の生物多様性の危機に呼応して1980年代末に米国で誕生した。その究極の目的は、生物多様性を保全し、持続的に管理するための戦略を開発し実行することである（プリマック・小堀，1997）。生物多様性の損失は多様で複雑な問題群によって生じていることから、その達成に向け、自然科学分野に加え、環境経済学、環境倫理学、環境社会学等を含む統合的・学際的なアプローチが用いられている。さらに、生物多様性の保全と生態系の回復に関する理論と実装の双方向のアプローチが用いられている。

4-2　保全生物学の知の体系と保全教育のガイドライン

保全生物学会（Society of Conservation Biology）は1985年に設立された国際的な学会で、学会誌『Conservation Biology』を刊行している。学会では、保全生物学の目標達成には教育が重要であるという認識から学会内に教育委員会を設置し、2004年に「保全生物学の原則：保全生物学のリテラシーのためのガイドライン」を公表した（Trombulak et al.，2004）。このガイドラインは生態学・遺伝学等の膨大な研究成果、過去数世紀にわたる保全の実装、社会科学の学際的調査の成果に基づいて作成されており日本語にも訳されている（**表3-1**）。

ガイドラインの目的は特定の個人が達成すべき事項の規定ではなく、保全リテラシーに必要な知識体系の説明が主で、保全生物学の原則として (1) ５つの重要なテーマ、(2) 各テーマに基づく主要な原則である一次原則、(3) 二次原則、(4) 三次原則（補足原則）からなる知識体系について述べられている（**表3-1**）。５つの重要なテーマとしては、(1) 保全生物学の目標の達成、(2) 保全生物学の根底にある価値観、(3) 概念、(4) 生物多様性の損失への脅威（原因）、(5) 保全と回復のため統合的な戦略に基づいた行動（対処法）が掲げられており、各テーマについて一次原則、さらに二次原則、三次原則と段階的に詳細が述べられている。ガイドラインはその目的や対象に適した原則を選択し組み合わせることで実装することが望ましい。その理由として、ガイドラインの枠組が原則の階層構造であり、各原則は概念全体に貢献しな

表 3-1　保全生物学の原則

テーマ	一次原則	二次原則
目標：保全生物学の目標	保全生物学者は地球上の生物のもつ重要な３つの特性：すなわち生物多様性、生態的完全性、生態的健全性を維持することをめざす。	生物多様性は全ての組織レベルにおける生命の多様性の尺度である。
		生態的完全性は生物システムの構成、構造、機能の尺度である。
		生態的健全性は生物システムの回復力や長期間にわたる自己維持能力の尺度である。
価値：なぜ生物多様性、生態的完全性、生態的健全性は重要なのか？	自然の保全が重要であるのは、自然が内在的価値、有用的価値、心理的価値をもつからである。	価値システムは私達の自然観を決定するが、これは文化内または文化間で異なることがある。
		内在的価値とは人間にとっての有用性とは無関係な自然そのものの価値である。
		有用的価値は人間にとっての自然の有用性に基づく。
		心理的価値とは人間の心理的福利に貢献するものである。
概念：生物多様性、生態的完全性、生態的健全性を理解するための諸概念	保全の理解には、分類学、生態学、遺伝学、地理学および進化学における主要な概念が基礎となる。	すべての生物は互いに関連している。
		自然の構成要素は小さな（遺伝子）レベルから大きな（景観）レベルまでの各組織レベルでグループ化されている。
		遺伝子は生物を作るための情報を持ち、この情報は生物によって異なる。
		生物の基本的単位は種である。
		個体群は環境によって制限されない限り指数関数的に増殖する。小さな個体群は大きな個体群より危険な状態にある。
		種は個々の歴史や特徴そして人間活動への応答に基づき異なるパターンで地球上に分布している。
		群集と生態系は互いに影響しあう種とそれらを取り巻く物理的環境要素の集まりである。
		条件と結果が予測不可能であるという意味で自然の挙動は確率論的でありうる。
		絶滅はひとつの進化系統の終わりであり、人為的原因および非人為的原因の両者によって起こりうる。

表 3-1　保全生物学の原則（つづき）

テーマ	一次原則	二次原則
脅威：生物多様性、生態的完全性、生態的健全性を脅かすさまざまの脅威	自然は人間による直接の収穫、生息地の破壊、外来種の持込などの非常に多くの脅威にさらされてきたし今もさらされている。	生態経済学の諸原理は、保全に対する脅威を導いた新古典派経済論のミスを訂正する。
		人間社会は絶滅を引き起こし生態系を大きく改変してきた長い歴史を持つ。
		人間活動はその頻度、強度、および空間的規模をとおして自然に影響をおよぼす。
		種は現在、人間の歴史始まって以来もっとも速いスピードで絶滅しつつある。その絶滅率は化石記録でしか見ることのできない大量絶滅期に匹敵する。
		人間は生息地の破壊や改変、乱獲、外来種の導入によって絶滅を引き起こす。
		人間は現在、自然システムに将来深刻な結果をもたらすであろう地球温暖化を引き起こしつつある。
		ある種の絶滅は他種の絶滅を引き起こすことがある。
		ほとんどの自然システムの現在の状況は、人間活動の結果、過去とは違うものになっている。
		なにが「正常な」自然の状態かという認識は、その人自身の経験に影響される。
活動：生物多様性、生態的完全性、生態的健全性の保護と復元	保全には多くの異なる戦略の組み合わせを要する。	絶滅の危機に瀕している種を保護する。
		生態保護地域の指定する。
		自然システムへの人間活動のインパクトを小さくする。
		劣化した生態系を復元する。
		保護繁殖によって増やした個体を野生個体群に返す。
		野外で捕獲する個体数を規制する。
		外来種の定着を防ぎ、既に定着した外来種を排除する。
		政策立案過程を理解し関与する。
		保全の重要性について教育する。

出典：名取ほか（発行年不詳）（原典：Trombulak et al., 2004）
三次原則は紙面都合により割愛

がらも独立しているためである（小堀，2024)。

第５節　生物多様性に関する市民科学

5-1　生物多様性に関する調査・研究への市民科学の貢献

市民科学の中で、生物多様性に関するプロジェクト数と研究の多さは際立っている。「ネイチャーポジティブ」を推進する上でも生物多様性、特に種に関するデータは最も重要な基礎情報であるが、そのデータが不足しているため、市民科学へ寄せる期待は大きい。

現在、地球上で確認されている種の総数は約175万種に過ぎず、地球上の生物の総数を１千万～３千万とすると、世界の生物の82％～96％は種名が付けられていないことになる。種を同定することは、世界中の研究者数、行政の人手や予算規模等からも容易ではないが、生物多様性の現状や生態系のサービス価値を的確に把握する上で、時空間的分布を含む種の情報を知ることは緊要な課題である。

世界規模の生物多様性データベースであるGBIFのデータの50％以上は、生物多様性を観測する市民科学のプロジェクトから提供されている(Chandler et al., 2017)。市民科学の成果は、データが不足している北極圏・南極圏や南半球におけるデータの蓄積にも貢献している。例えば「Great Southern BioBlitz」(6)では、270以上の市民科学プロジェクトが生物多様性の観測に貢献している。

生物多様性の調査において２章で紹介した「iNaturalist」および「eBird」などのGBIFへ情報提供できる市民科学の国際プロジェクトの貢献は大きい。

5-2　国内の生物観察を対象としたプラットフォームの比較と課題

国内で現在よく利用されている幅広い生物群を対象とした生物観察を対象としたスマートフォンで対応可能なプラットフォームは３つある。第２章で紹介した「iNaturalist」の他に、日本語限定の「いきものログ」と「Biome」

表 3-2　生物多様性の市民観測デジタルプラットフォームの比較

	iNaturalist	いきものログ	Biome
データ公開	○	△	×
写真による種判別	○	×	○
言語	英語・日本語	日本語	日本語
位置情報入手	○	△	△
品質管理	人工知能＋ ユーザーによる 確認	なし	人工知能＋ ユーザーによる 確認
メタ情報入手	○	○	○
ゲーム性	×	×	○
コミュニケーション	○	×	○
音声データ	○	○	×
画像・音声なし データ登録	○	○	×
ウェブサイト入力	○	○	×
スマホアプリ	○	△ 不具合多い	○
ユーザーによる プロジェクト設立	○	○	× 予算の必要あり
API	○	△ ベータ版	×
解析用 R パッケージ	○	×	×
希少種配慮	△ ユーザーが 手動で非公開に 設定する	○	○

小出ら（2023）を筆者改変

である。小出ら（2023）は、これらの３つのプラットフォームの詳細な比較を行ない、各々の特徴を明らかにした（**表3-2**）。

「iNaturalist」は、世界基準としての基本要素（データの公開、AIによる種の判定、ユーザー間コミュニケーション、音声録画等）を満たしており、日本語を含めた40の言語で利用できる。研究者がデータ解析を行う際の利便性も高いが、ゲーム性の要素はなく、日本語の利用のしやすさ、国内の希少種におけるデジタルプラットフォーム側での配慮の必要性が課題として挙げられている。

「いきものログ」(7)は、環境省生物多様性センターが実施しており、どのような対象でも登録できる点は長所である。一方、目視のみの報告で、AIによる種判定機能がないこと、位置情報が公開されていない点等、データ品質面で課題がある。

「Biome」(8)は、楽しめるゲーム性が重視され、操作性がよい利点があるが、運営が私企業のため、収集データが原則非公開で、プロジェクトがプラットフォーム側から提供され、ユーザー側からはプロジェクトを作成できない点等の課題がある。

小出ら（2023）は、上記の結果（**表3-2**）から、今後の更なるデジタルの普及を踏まえ、共通の課題として、報告データの種同定の精度、時空間的なデータの偏り、分布限界や生物季節等の特殊データの不足、ユーザーとのコミュニケーション不足、プロジェクトの継続性への不安等を挙げている。また、これらの課題の解決策として、画像による種名のAIを用いた判定、データ分布の見える化、分布や開花等のモデル予測値の提供、個別ユーザーへの貢献度レポートや注意報の発信等をデジタルプラットフォーム上で実施することを提案している。

小出らによるこれらの改善策に加え、分類の専門家との密接な連携が種の同定精度を高める上で重要である。また、データの偏りを減らし、同定の精度を担保できるプログラム設計は、企画者がすぐに改善できる重要な方策である。

5-3　市民科学論文の成果の集約とその意義

生物多様性に関する市民科学の論文は多数出版されている。しかし、同じ研究課題の既存論文について、どのようなテーマや研究目的によってどのような成果が得られたかを体系的に分析・集約した論文は少ない。ここでは、生物多様性を減少させる５つの主要因の一つである侵略的外来種（IAS：Invasive Alien Species）を対象に分析した事例を紹介する。

Johnson et al.（2020）は、学術雑誌に掲載されたIASに関する市民科学プ

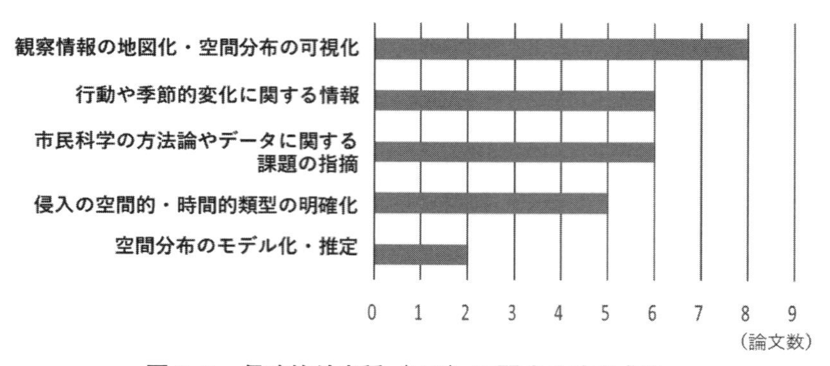

図 3-3　侵略的外来種（IAS）に関する論文成果

Johnson et al.（2020）を筆者和訳

ロジェクトについて、論文データベースのScopusの検索結果より抽出された論文から26の取組の成果を検討した（**図3-3**）。

これらのうち、発見・予測につながった研究として最も多かったのは、観察情報の地図化・空間分布の可視化に関する内容で、次いで、行動や季節的変化に関する情報、市民科学の方法論やデータに関する課題の指摘に関する内容であった。これらの論文は、IASの現状や行動変化を明らかにし、方法論やデータの扱いに関する課題の明確化において意義があると評価できる。また、侵入の空間的・時間的類型の明確化を扱った研究は、駆除が法律的に義務付けられているIASの駆除対策に活用できる。空間分布のモデル化・推定についての研究は、IASの侵入を阻止する予防策への活用の意義は大きい。

さらに、Johnson et al.（2020）は、生物多様性に係る多様な問題や要因に関するテーマを扱った市民科学の研究成果を集約し概観することの重要性やパラメータの標準化の必要性も指摘している。成果を集約化することで、今後求められる研究分野や手法の指針として役立てることが可能となる。

第６節　社会生態システム（SES）における市民科学の意義と実装事例

6-1　SESの視座

VUCAの時代を迎え、複雑な社会生態学的な課題は急速に増えており、SESの視点からのアプローチが必要な時代となっている。

日本の歴史においても、SESの視点の欠如による苦い体験や教訓が多数ある。その代表的な事例として、19世紀末から20世紀初頭に発生した足尾鉱毒問題を取り上げる。明治政府は、銅の生産を外貨獲得の重要な手段と見なし、その奨励と支援に力を入れていた。近代的な技術の導入により足尾銅山の銅産出量は、1890年代後半には日本の銅の総生産量の約40％に達した。一方、精錬所から排出された有害な亜硫酸ガスは、周辺の森林を枯死させた。その結果、もろい地質からなる急峻な斜面から表土の流失、斜面崩壊が生じ、洪水が頻発した。また、有毒物質（銅、鉛、ヒ素等）による水質・土壌の汚染は渡良瀬川流域の漁業や農業に大きな打撃を与え、住民に深刻な健康被害をもたらした。生活基盤を失った住民は離村を余儀なくされ、廃村も生じた。

足尾では、地域の生態システムの中で最も重要な要素であった森林のもつ多様な生態系サービス機能が失われることで自然システム全体が崩壊し、ドミノ倒しのように社会・経済システムが崩壊した。政策的な特例で国有林の伐採規制が撤廃され、20年間で足尾町の80％を占めていた国有林の半分が伐採されたことも被害の拡大に拍車をかけた。

足尾からの学びとして、以下の点が挙げられる。第１に自然はシステムとして反応する。すなわち、システムは複数の要素からなり、お互いに関連性をもっており、一つの要素に変化が生じると他の要素も影響を受ける。第２に、足尾の森林のようにシステムの中で重要な要素が大きな影響を受けると、生態系システム全体に影響が及ぶこともある。第３に、生態システムと社会システム、経済システムは互いに関連しており、これらを一体として捉えるSESの視点は欠かせない。

現代は、足尾の鉱毒問題が生じた明治時代とは時代背景が著しく異なるが、SESの視点はますます重要性を増している。その理由として、第１に環境問題は世界的な課題となり、関連して絡み合い解決が難しい問題群になっている。第２に、「地球の限界」の概念を踏まえ、環境に負荷を与えない社会・経済システムや暮らしのあり方を模索することが、人類共通の責務となっている。第３に、SDGs時代の「誰一人取り残さない」という人権目標と参加原理に基づく「社会包容的な世界観」の共有が求められている。そして第４に、今まで通りではない個人と社会の変容を通じた新たな社会の創生が求められている。これらの時代背景の理解、求められている世界観や責務はSESの視座により明確な関係性の把握に結びつき、課題解決の貢献に活かすことができる。

6-2　SESの視点からの市民科学の意義

SESに内在する複雑な課題に取り組むことにより、批判的思考力や科学的リテラシーを身につけることができ、また、社会システムと生態系システムの相互関連性に対する理解を深めることもできる。その結果、市民科学のプロセスを通じて、個人と社会に以下に挙げる意義がもたらされる。

1）教育と能力開発

市民科学プロジェクトは、特に公的な科学教育へのアクセスが限られている青少年や地域社会に、独自の教育機会を提供する。参加者は実践的な経験を積むことで、批判的思考力や科学的リテラシーを身につけ、SESへの理解を深めることができる。

2）コミュニティへの参加とエンパワメント[9]

市民科学プロジェクトは、市民が積極的に調査に参加することで、市民の地域の環境に対する所有意識と責任感を育む。さらに、住民は、自分たちの社会的および生態系な恩恵や福利（幸福）に直接影響を与える地域の意思決定プロセスに参加することが可能となる。

3）地域や先住民の知識の統合

地域住民は、伝統的な慣習や文化的信念を含め、環境に関する地元や先住民の知識を持っている場合が多い。市民科学プロジェクトは、こうした貴重な知識を科学的研究と統合するためのプラットフォームを提供することで、SESのより総合的な理解につながる。

4）社会的回復力と適応力の強化

市民科学プロジェクトは、環境変化を理解し、それに適応するための協力的な取組にコミュニティを参加させることで、社会的回復力に貢献する。気候、土地利用、その他の環境の変化をモニタリングし、その結果を踏まえ対応していくことで、地域社会におけるリスクは軽減され、地域の適応力を高めるための戦略を策定することができる。

5）政策や意思決定への情報提供

市民科学の取組を通じて得られたデータや洞察は、政策立案や政策提言に役立てることができる。コミュニティ主導による確かな証拠を提供することで、市民は意思決定プロセスに影響を与え、SESの文脈を用いてコミュニティのニーズや優先事項に取り組む政策を提案できる。

6-2　SESにおける市民科学の実装事例

SESにおける市民科学は多様な分野、組織で展開されており、多くの優れた事例がある。本項では、その優れた事例として、1）南三陸町における「自然と共生するまちづくり」を通じた自然と地域社会の好循環、2）気候変動の適応策としての東アフリカの牧畜民の放牧地管理プロジェクト、3）米国の個人住宅から始める「ネイチャーポジティブ」の３つの実装事例を紹介する。

1）南三陸町の「自然と共生するまちづくり」：自然と地域社会の好循環

宮城県南三陸町は人口約12,000人からなり、主な産業は漁業である。2011年には東日本大震災により甚大な被害を被ったが、その後の町の復興に向けた将来像として「森　里　海　ひと　いのちめぐるまち　南三陸」を掲げ、地域全体で創造的な復興の取組を行ってきた。BOX3-1では、将来像を実装した2つの事例を紹介する。なお、BOX記事は著者による太齋彰浩氏（（一社）サステナビリティセンター・代表理事）へのインタビューを基に作成した。

BOX3-1：南三陸町の「自然と共生するまちづくり」：自然と地域社会の好循環

事例1：南三陸町自然環境活用センターとその役割

南三陸町自然環境活用センター[10]（以下、センターと略す）は、同規模の町では全国でも例がないレジテント型（地域に常駐する）研究者を雇用し、1999年より南三陸町と志津川湾をフィールドとした基礎科学研究と教育活動を展開し

写真1　標本展示棚の前の自然環境活用センターの研究員
阿部拓三氏（右）・鈴木将太氏（左）

写真提供：サスティナビリティセンター

写真２　センターで所蔵の標本（アラメとマコンブ）

てきた（阿部・太齋，2017）。博士号を有するセンターのレジデント型研究者は、地域の主要産業である水産業に関する研究を行うのではなく、自身の専門分野を活かして地域の自然を深く掘り下げることで、地域の新たな資源を発掘してきた。さらにセンターでは、豊かな資源の活用方法をパッケージ化し、質の高い教育プログラムを実装し、環境の世紀を担う人材育成に貢献してきた。また、センターでは、農漁村と都市住民との交流拠点として地域と一体となった研究・教育活動も行っている。東日本大震災によりセンターの貴重な標本や資料のほとんどは失われたが、震災５年後に再開した現在のセンターでは、全国からの支援も受け、震災前よりも広範囲な生物群の標本を収蔵し、博士号を有する２名の研究者が常駐している。

太齋彰浩氏は、センターの創設時から企画・運営の役割を担ってきた。しかし、勤務７年目には、震災によりセンターは閉鎖に追い込まれたため、太齋氏は町役場の職員として災害復興・地域創生の最前線の仕事を担った。現在は、これらの経験を活かし、「一般社団法人サスティナビリティセンター[11]」の代表理事を務めている。主な仕事は、南三陸町の豊かな自然資本を地域で活かす実装、人材育成、町内外の研究者と住民が交流できる場づくり等で、研究、行政実務、教育に精通した“行動するリーダー”として活躍中である。

事例２：カキ養殖業者による1/3革命

太齋氏が「1/3革命」と名付けた、地域に変革をもたらしたカキ養殖業者による取組がある。

震災前、戸倉地区のカキ養殖業者は各人が生産量と収益向上を目指して志津川湾に養殖棚を次々と増設していった。その結果、海の栄養分は枯渇し、カキの排泄物による汚染が進み、カキの生産量の減少が続いた。そのため、カキ養殖業者同士や組合内で、その対応策について幾度となく話し合いや決定がなされたが、過密養殖の解決がなされることはなかった。

しかし、震災後、養殖業者の有志により漁業再開に向けた方策が検討された。３年に及ぶ試行錯誤の末、組合員全員が養殖棚を1/3に減らすことを決断した。その結果、震災前には出荷に３年を要したカキが、１年で出荷できるようになり、収益の上昇、労働時間の短縮、環境改善が同時に可能となる「1/3革命」が実現した。この取組は、一人の漁師の「子供たちに誇れる漁業に転換したい」という個人の変容が、環境、産業、働き方の変革を通じて、地域社会の変容をもたらした事例と言える。その道のりは容易ではなかったが、太齋氏は、変革の直接的な推進要因として、①リーダーによる「まずはやってみよう、ダメなら元に戻せばいいから」という説得、②その説得をサポートした漁協職員の働き、③後継者がいる組合員に有利なポイント制の導入などを挙げている（私信）。

「1/3革命」のプロセスには、第５章第２節で述べる持続可能な環境管理に求められる社会的学習の５つの重要な要素である①内省・反省、②組織的方向性・思

写真３　1/3革命後の志津川湾のカキの養殖棚の景観

写真４　1/3 革命のカキ養殖を学ぶ小学生のフィールドワーク
写真の左が太齋彰浩氏

写真提供：サスティナビリティセンター

写真５　カキ棚は、南三陸の
ワインの熟成にも使用されている

考、③統合・合成、④交渉・協働、⑤参加・参画、が編み込まれており、優れた実装事例として評価できる。

この取組は、海の環境、地域社会、労働環境等に配慮した養殖場に与えられる国際的なASC認証[12]を取得することで、国際的評価を得た。さらに、南三陸町が面する志津川湾は、2018年にラムサール条約登録湿地に認定された。海藻藻場の湿地としては全国初である。志津川湾には多様な海草・海藻類が生い茂り、500種以上の海洋生物の餌場・生息地になっている。その生物多様性の高さを科学的な根拠に基づいて示すことができたのは、センターの長期間にわたるデータの蓄積と研究活動があったからである。ラムサール条約登録湿地の認定は、センターの活動の賜物と評価できよう。

2) 気候変動の適応策：東アフリカの牧畜民の放牧地管理プロジェクト

「AfriScout」[13]は、気候変動により土地・水環境の変化が見られる中で、牧畜民が輪換放牧を維持するために放牧地の管理を支援するデジタルプラットフォームである。輪換放牧とは、家畜を複数に分けて放牧することで、草地を均一に採食させ、家畜と草の両方の生産性を高める放牧方法である。プロジェクトでは、そのために必要な土地・資源に関する情報を提供し、放牧方法の改善や生産性の向上を支援することを目的としている。このプラットフォームは、国際的な非営利組織「Global Communities」により開発され、衛星画像と先住民の知識を活用し、放牧地の状況、飼料植物や地表水の分布、病気やアクセス規制等に関する情報をリアルタイムで提供している。

現在、これらの情報はケニア、タンザニア、エチオピアの一部に提供されており、放牧で生計を立てている牧畜民らはモバイルアプリで必要な情報にアクセスできる。また、放牧民が現地での観察結果を報告し、地域で知識を共有することでコミュニティ全体の利益にも貢献している。収集・分析されたデータは放牧の最適化に資する情報提供につながり、過放牧と放牧民の衝突・紛争の減少、持続可能な土地管理に役立てられている。このような取組は牧畜民コミュニティに直接的な利益をもたらすとともに、草原を保護し砂漠化を防ぐことで気候変動の緩和にも貢献している。

3）米国の個人の庭から始める「ネイチャーポジティブ」

生物多様性の損失を止め、逆転させるためには、“私たち自身が自然にとって最良の希望である”ことをタイトルとしたDouglas Tallamyの著書「Nature's Best Hope」(2022) は、米国でベストセラーとなり、市民や行政を動かしている（**図3-4**）。著者は米国のデラウェア大学の昆虫分類学、行動生態学の教授であり、従来の国立公園や保護区での保護政策の限界を超えるために、自分の生活空間を「庭から始める国立公園：Homegrown National Park」にすることを提案している。すなわち、個人の庭や近隣で在来植物を育てること、これらの在来植物の花粉媒介者として地域で共に進化してきた昆虫、チョウ類、鳥の生息地を創出することが最善の方策であると述べている。そのために、芝生や外来植物を植えない方策の有効性も挙げている。小さな庭でも多の人が実践すれば、健全な生態系を回復できると指摘している。

図3-4　Douglas Tallamy の著書「Nature's Best Hope」の表紙

米国では、個人住宅の芝生を除去し、在来植物を植える動きが活発である。米国の個人の庭や公共スペースを含めた約4000万エーカーの土地には芝が植えられ、その維持費は600億ドル（約８兆7000億円）に達するとの試算もある。ネバダ州の州政府は2021年に全米初の観賞目的の芝生を全面禁止とした(14)。主要都市ラスベガス周辺地域では、芝生の撤去により水の消費量を15％程度削減でき、水不足の解消にも役立っている。

第7節　市民科学がもたらす変革

7-1　市民科学による多面的な変革

市民科学は、科学、教育、社会に変革を起こしている（小堀，2022）。科学分野では、科学のあり方が変わり、科学の見える化と社会化がもたらされている。従来、科学に貢献できるのは、主に科学者（自然科学、人文・社会科学を含む）に限定されてきた。彼らは専門的な教育を受け、大学や研究機関で研究に従事し、成果は専門分野の学会や学術雑誌で発表してきた。そのため、科学は象牙の塔の産物とも言われ、一般市民にとっては遠い存在で、理解し難いと思われてきた。しかし、多様な科学の分野に市民科学のアプローチが用いられることで、科学の見える化や科学の社会化が促進された。

市民がデータ収集、分析・解釈等の研究プロセスに関わることで、市民は科学的な知識・技術を習得し、その結果、問題解決への意欲等の教育的な学びを通じて、価値観や行動の変化等の個人の変容が見られるようになった。また、得られた成果は、課題解決、政策提言、持続可能な社会の形成への取組を通じて、社会の変革にも活かされている。このように、市民科学は、個人、科学、教育、社会の変革を同時に行えることが強みである。

科学の進展は、学問の高度化とともに細分化と“たこつぼ化”を生み出した。また、行政の縦割り構造は既存の壁を乗り越えて連携するには効率的ではなく、社会の閉塞感も生み出している。市民科学は、従来の科学界や行政の枠組を超えて、社会的なアクターに開放するオープンサイエンスとしても変革をもたらすことが期待されている。

7-2　市民科学と社会変革の相乗効果

市民科学と社会変革は同じ目的の達成を目指しており、相互に関連している。市民科学は、共創等の参加型アプローチによって特定の社会的課題を解決するとともに、科学的価値に貢献することを目指している。一方、社会変革は、多様な変化（社会的、政治的、システム的、行動的等）を促すこと、創造性を高めること、社会の利益のために行動すること（社会問題の解決、生活の質の向上等）、新しい機会への道を開くこと等の複数の目的を掲げている（Farmer et al., 2018）。市民科学と社会変革の両者の共通する中心的なテーマは、「共創」である。具体的には、市民科学は持続可能で包括的な社会の構築を目指す目標志向型の社会変革である。すなわち、２章で示した市民科学の目標と成果による分類（**図2-4**）のうち「科学主導型」と「社会課題への関心型」の実装により社会的相互作用の誘発を目指す社会的変革である（Grimm et al., 2013）。

7-3　変革を可能にする市民科学の望ましいアプローチ

変革を可能にする市民科学の望ましいアプローチについては、議論が進行中である。VUCAの時代において、気候変動や生物多様性の損失をはじめとする、正解のない、絡み合った“厄介な問題群”と向き合うことが求められている。

Dillon et al.（2016）、Jickling and Wals（2008）を統合した変革を目指す

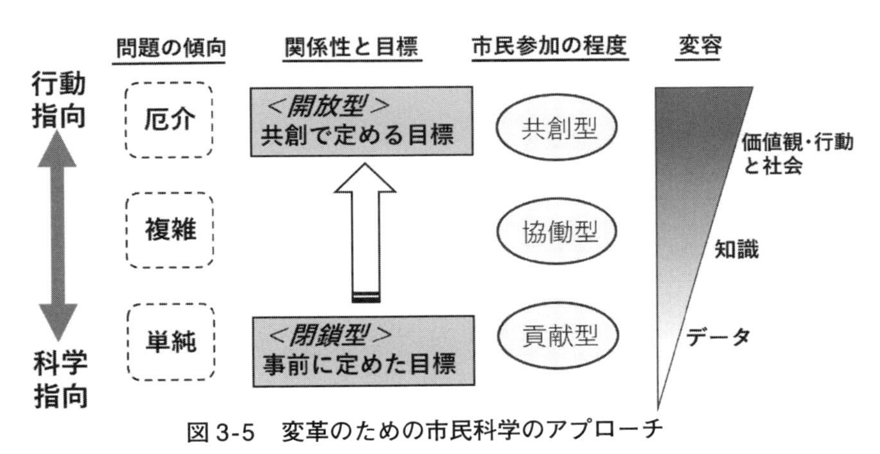

図 3-5　変革のための市民科学のアプローチ

Dillon et al.（2016）、Jickling and Wals（2008）等を統合し筆者作成

市民科学の枠組を**図3-5**に示す。変革を目指す市民科学は、行動指向で、オープンアクセスが可能で、事前に目標は定めず、多様な組織との連携による共創型アプローチにより個人の価値観や行動の変容と社会の変革を可能にするアプローチと言えよう。

市民科学は、関心のある人はだれでも科学的な知識の創造ができる点で際立っている。市民科学による協働による集合知の創生は、多様な主体の参画によるコミュニティ・サイエンスを促進させる。また、多様な参加者が共創し、自然再興と地域創生の好循環を促すために、個人と社会の変容によるイノベーションをもたらすことが期待されている。

それでは次の第４章では政策・地域自治の側面からの市民科学のアプローチ〜佐渡におけるトキの野生復帰を例に〜を見ていこう。

注

（１）VUCAの時代とは、変動性（Volanibility）、不確実性（Uncertainty）、複雑性（Complexity）、曖昧性（Ambiguity）を特徴とする時代
（２）https://www.zooniverse.org/
（３）https://www.cocorahs.org/
（４）現在、ウェブサイトは閉鎖
（５）データライフサイクルとは、データの生成から消滅するまでの一連の過程
（６）https://www.greatsouthernbioblitz.org（2023年９月10日閲覧）
（７）https://ikilog.biodic.go.jp/
（８）https://biome.co.jp/
（９）もともとは「力を与えること」を意味し、人が本来持っている力を引き出し、取り戻していくための、「人と人との関わり（関係性）」を高め、「自律性促進」、「能力開花」を促すこと
（10）https://www.town.minamisanriku.miyagi.jp/index.cfm/8,17746,39,390,html
（11）https://m-sustainable.org
（12）Aquaculture Stewardship Council：水産養殖管理協議会
（13）https://globalcommunities.org/afriscout/
（14）https://www.snwa.com/conservation/understand-laws-ordinances/index.html

引用文献

Chandler, M., L. See, K. Copas, A.M.Z. Bonde, B. Claramunt López, F. Danielsen, J. K. Legind, S. Masinde, A.J. Miller-Rushing, G. Newman, A. Rosemartin and E. Turak（2017）Contribution of citizen science towards international biodiversity monitoring. *Biological Conservation*, 213B, pp.280-294.

Cifelli, R., N. Doesken, P. Kennedy, L.D. Carey, S.A. Rutledge, C. Gimmestad and T. Depue.（2005）The Community collaborative rain, Hail, and Snow Network: Informal education for scientists and citizens. *Bulletin of the American Meteorological Society*, 86（8）, pp.1069-1077.

Clare, J.D.J., P.A. Townsend, C. Anhalt-Depies, C. Locke, J.L. Stenglein, S. Frett, K.J. Martin, A. Singh, T.R. Van Deelen and B. Zuckerberg.（2019）Making inference with messy（citizen science）data: When are data accurate enough and how can they be improved? *Ecological Applications*, 29（2）, e01849.

Dillon, J., R.B. Stevenson and A.E.J. Wals.（2016）Introduction to the special section Moving from citizen to civic science to address wicked conservation problems. *Conservation Biology*, 30（3）, pp.450-455.

Farmer, J., K. Carlisle, V. Dickson-Swift, S. Teasdale, A. Kenny, J. Taylor, F. Croker, K. Marini and M. Gussy.（2018）Applying social innovation theory to examine how community co-designed health services develop: using a case study approach and mixed methods. *BMC Health Services Research*, 18（68）.

Follett, R. and V. Strezov.（2015）An analysis of citizen Science based research: Usage and publication patterns. *PLoS ONE*, 10（11）, pp.1-14.

Goodchild, M.F. and L. Li.（2012）Assuring the quality of volunteered geographic information. *Spatial Statistics*, 1, pp.110-120.

Grimm, R., C. Fox, S. Baines and K. Albertson.（2013）Social innovation, an answer to contemporary societal challenges? Locating the concept in theory and practice. *Innovation: The European Journal of Social Science Research*, 26（4）, pp.436-455.

Hecker, S., L. Garbe and A. Bonn.（2018）The European citizen science landscape - a snapshot. In S. Hecker et al.（Eds.）*Citizen Science: Innovation in Open Science, Society and Policy*. pp.190-200. London: UCL Press.

Jickling, B. and A.E.J. Wals.（2008）Globalization and environmental education: looking beyond sustainable development. *Journal of Curriculum Studies*, 40（1）, pp.1-21.

Johnson, B.A., A.D. Mader, R. Dasgupta and Pankaj Kumar.（2020）Citizen science and invasive alien species: An analysis of citizen science initiatives using information and communications technology (ICT) to collect invasive alien species observations. *Global Ecology and Conservation*, 21, e00812.

Primack, R.B. (1993) *Essentials of conservation biology*. Sunderland: Sinauer Associates.

Silvertown, J. and M. Harvey, R. Greenwood, M. Dodd, J. Rosewell, T. Rebelo and J. Ansine. (2015) Crowdsourcing the identification of organisms: a case-study of iSpot. *ZooKeys* (480), pp.125-146.

Tallamy, D.W. (2022) *Nature's Best Hope: A New Approach to Conservation That Starts in Your Yard*. Timber Press.

Trombulak, S.C., K.S. Omland, J.A. Robinson, J.J. Lusk, T.L. Fleischner, G. Brown and M. Domroese (2004) Principles of conservation biology: recommended guidelines for conservation Literacy from the Education Committee of the Society for Conservation Biology. *Conservation Biology*, 18 (5), pp.1180-1190.

Wiggins, A., G. Newman, R.D. Stevenson and K. Crowston. (2011) Mechanisms for data quality and validation in citizen science. *2011 IEEE Seventh International Conference on e-Science Workshops*, Stockholm, Sweden, pp.14-19.

阿部拓三・太齋彰浩（2017）「博物館と生態学（28）リアスの生き物よろず相談所―震災前後の南三陸における取組み」『日本生態学会誌』67、67 ～ 71.

小堀洋美（2022）『市民科学のすすめ』、文一総合出版

小堀洋美（2024）「保全生物学と市民科学の科学知とその原則―環境教育の「学」の構築に向けて―」『環境教育』33（2）、2_43 ～ 50.

小出大・辻本翔平・熊谷直喜・池上真木彦・西廣淳（2023）「リアルとデジタルの好循環を通した市民科学による生物の時空間分布プラットフォーム」『保全生態学研究』28、109 ～ 123.

名取睦・松井淳・立澤史郎・河内直子・安田美香・吉田正人・夏原由博（発行年不詳）「保全生物学の原則：保全生物学会教育委員会からの保全リテラシーに関する勧告事項」. https://conbio.org/images/content_prof_dev/Conservation_literacy_japanese1.pdf

リチャード　B. プリマック・小堀洋美（1997）『保全生物学のすすめ：生物多様性保全のためのニューサイエンス』、文一総合出版

第4章

政策・地域自治の側面からの市民科学アプローチ
～佐渡におけるトキの野生復帰を例に～

岩浅有記・豊田光世

第1節　はじめに

本章では筆者らが2007年4月以降、行政官や科学者として現場で直接携わった新潟県佐渡市におけるトキの野生復帰を例に政策・地域自治の側面からの市民科学アプローチについて論ずる。

第2章及び第3章で見てきたように、市民科学は、科学、個人、社会に変革をもたらすことにより「ネイチャーポジティブ（自然再興)」に貢献できる新たな学際的な分野であり、これからの時代に必須かつ重要なアプローチである。2010年に採択された愛知目標では、生物多様性の損失を止めるための2020年までの目標が設定され、様々な施策が講じられてきたが、2021年に行われたレビューにおいて、20の目標のうち完全に達成できた目標は一つもないという評価[(1)]がなされた（生物多様性条約事務局, 2020)。環境省は2021年2月に『生物多様性国家戦略2012-2020の実施状況の点検結果』[(2)]を公表した。同点検結果では、愛知目標の20の目標に対応して生物多様性国家戦略2012-2020で設定した13の国別目標の関連指標群の動向等を踏まえ、5つの国別目標を「目標を達成した」、8つの国別目標を「目標に向けて進捗したが、達成しなかった」と評価した。このような中、例えば、トキ・コウ

Key Word：政策統合、生物多様性農業、新たな政策共創のしくみ、
ローカル to ローカル

ノトリの野生復帰に関しては進捗が認められるという評価結果であり、トキの野生復帰は愛知目標進捗の一つの具体事例ともなっている。

トキに関しては、一度野生絶滅した種の個体数を飼育繁殖により増加させ、野生復帰のための訓練を行い、生息環境・社会環境を整備し、野生復帰に成功した。2008年９月25日に新潟県佐渡市において10羽のトキが初めて放鳥され、その後順調に野生個体数は増加した。2023年２月現在の野生下における個体数は537羽と推定されている（環境省，2023）[(3)]。トキは『日本版レッドリスト2018』までは野生絶滅（EW）とされていたが、『日本版レッドリスト2019』においては野生絶滅から絶滅危惧IA類（CR）に変更された。レッドリスト掲載種数は増加しランクアップする生物種が多い中で、状況が改善されたことを示唆するランクダウンは希少種保全の稀有な成功事例と言える。まさに生物多様性の損失を止め、逆にプラスの変化を生み出していこうという「ネイチャーポジティブ」を地域レベルで体現する好事例といえよう。

その中で特筆すべきこととして、トキの放鳥が地域の産業の強化とそれを支える政策展開につながったということがある。まさに自然再興と地域創生の好循環の事例と言える。すなわち、佐渡市で推進されている「朱鷺と暮らす郷づくり認証制度（トキの生息環境に配慮した水稲栽培の認証制度）」（以下「トキ認証米制度」とする）をはじめとした生物多様性農業の新たな政策展開、生物多様性政策と農業政策の政策統合による生物多様性農業政策の確立である。この新たな政策展開に大きな役割を果たしたのが農業者をはじめとした市民であり、市民を起点とした多様な主体との連携と共創が制度の展開において不可欠であった。産官学民の連携が、佐渡市独自の生物多様性農業政策をもたらした。

こうした動きをさらに強化するために現在佐渡市において新たに実践されているのが、市民が主体となった新たな政策立案のしくみづくりである。「佐渡自然共生ラボ」と名付けた共創のためのプラットフォームを舞台に、多彩な環境保全のプロジェクトを展開し、政策や戦略の実装を図るだけでなく、プロジェクトを通して見えてきた可能性や課題を政策デザインへと還元する試みである。このように当初の生きものの保護を中心とした狭い意味での生物多様性政策から包括的な生物多様性農業政策、自然共生政策へと政策の幅が広がった。

生物多様性保全の成功事例として取り上げられるトキの野生復帰ではあるが、トキ保護の歴史は明治期以降100年を超え、長期にわたる。特に20世紀はトキの個体数は減少の一途を辿り、1981年の全鳥捕獲による野生絶滅、その後の困難を極めた人工繁殖等、そのほとんどが苦難の歴史であった。当初トキの個体数や生態等が全く分からなかった中で大きな役割を果たしたのが市民によるトキの生態調査である。2008年のトキ放鳥の後も、市民の生態観察によって膨大なデータが蓄積され、トキの詳細な生態情報が明らかとなった。まさに市民科学の芽吹きが佐渡にはあり、その精神は今も息づいている。

本章では、政策・地域自治の側面からの市民科学アプローチについて掘り下げる。トキ保護に市民が果たした役割（第２節)、生物多様性農業政策の誕生（第３節)、トキをシンボルとした新たな政策共創のしくみ（第４節)、今後の政策・地域自治の側面からの市民科学のあり方（第５節）について述べる。

第２節　トキ保護に市民が果たした役割

2008年９月25日、野生順化訓練を受けたトキ10羽が佐渡の空に舞った。佐渡のトキを人工繁殖のために全鳥捕獲したのが1981年であったから、トキが再び自然の中に戻ったのは実に27年ぶりのことであった。一度野生絶滅したトキが野生復帰を果たすまでには実に多くの苦難があった。まずはトキ保護の歴史とともに、トキ保護に市民が果たした役割について触れておきたい。

2-1　トキ保護の歴史

1908年にトキが「狩猟に関する規則」の保護鳥に追加されてから、ちょうど100年後の2008年にトキが放鳥されるまでの100年間のトキ保護の歴史を概観しておく。2008年の放鳥までの主な出来事は大きく４つの時代に分けることができる（**表4-1**）。

第１期：トキ保護黎明期（1908 ～ 1952年）

江戸時代までは我が国はもとより東アジア一帯に生息していたトキであるが、明治期になると羽根、羽毛、肉を目的として乱獲が進んだ。1908年に保護鳥に指定されたものの、1925年に発刊の『新潟県天産誌』には「濫獲のためダイサギとともに、トキがその跡を絶てり」と記録され、大正末期には絶滅したと思われていた。しかし昭和に入ってからは、佐渡や能登において地域住民からトキの目撃例が寄せられるようになり、1931年には佐渡の旧新穂村生椿でトキ27羽の群れが確認された。その後、1934年にトキは天然記念物に、1951年に特別天然記念物に指定された。

第２期：トキ保護の本格化（1952 ～ 1967年）

第２次世界大戦が終戦を迎えたことやトキが特別天然記念物に指定されたことでトキの保護は本格化していく。1952年に特別天然記念物に指定され、翌年には佐渡朱鷺愛護会が設立された。国や県の本格的なトキ保護政策は、1959年のトキの営巣地の保護と冬期の給餌等のトキ保護増殖事業が始まりとされる。事業が進む中でトキの生態に関する知見が蓄積されてきたが、野生の個体数は徐々に減少していった。

第３期：飼育技術の確立と人工繁殖の試み（1967 ～ 1999年）

新潟県は、文化庁からの支援を受け、1967年にトキ保護センターを旧新穂村の清水平というエリアに設置した。国と県の連携によるトキの飼育が本格的に始まった。人工飼料の開発などが行われ、トキの飼育技術が確立した。また、中国の協力も得ながら人工繁殖を試みるなど、トキの人工繁殖技術を着実に積み上げていった。しかしながら野生の個体数は減少を続け、1981年には佐渡に最後に残った５羽の全鳥捕獲が行われ、野生絶滅した。保護施設

表 4-1　2008 年にトキが放鳥されるまでの 100 年間のトキ保護の歴史

第 1 期：トキ保護黎明期（1908〜1952 年）	
1908 年（明治 41 年）	「狩猟に関する規則」の保護鳥に追加
1925 年（大正 14 年）	「濫獲の為ダイサギ等と共に其跡を絶てり」と新潟県天産誌に記録
1930 年（昭和 5 年）	川上喚濤、後藤四三九、佐渡にトキがいることを「佐渡郡郷土座談会（東京日日新聞新潟本社主催）」にて発言
1931 年（昭和 6 年）	高野高治、旧新穂村生椿で 27 羽のトキの群れを確認
1934 年（昭和 9 年）	天然記念物に指定
第 2 期：トキ保護の本格化（1952〜1967 年）	
1952 年（昭和 27 年）	特別天然記念物に指定
1953 年（昭和 28 年）	佐藤春雄、佐渡朱鷺愛護会設立
1959 年（昭和 34 年）	川上久敬、新穂とき愛護会設立
1960 年（昭和 35 年）	国際保護鳥に選定
第 3 期：飼育技術の確立と人工繁殖の試み（1967〜1999 年）	
1967 年（昭和 42 年）	新潟県、トキ保護センター設置、トキの飼育を開始 近辻宏帰、同センターに赴任
1981 年（昭和 56 年）	環境庁、佐渡に生息する野生トキを５羽一斉捕獲（野生絶滅）
	中国陝西省洋県にて７羽の野生トキが再発見
1993 年（平成 5 年）	種の保存法に基づく国内希少野生動植物種に指定 同法に基づく保護増殖事業計画を策定
第 4 期：人工繁殖の成功と野生復帰に向けた準備、トキ放鳥（1999〜2008 年）	
1999 年（平成 11 年）	中国から「友友」「洋洋」のペアが贈呈され、「優優」が誕生（日本で初めて人工繁殖に成功）
2003 年（平成 15 年）	環境省、野生復帰の目標を定めた「地域環境再生ビジョン」を公表（2015 年頃に 60 羽定着）
	「トキの野生復帰連絡協議会」設立
2007 年（平成 19 年）	環境省、野生復帰ステーション設置、その後トキの野生順化訓練開始
2008 年（平成 20 年）	第１回トキ放鳥実施

岩浅（2019）を一部改変

の中で最後まで生き残ったのはキンと名付けられた個体だった。そのキンが2003年に死亡したことで、日本由来のトキは絶滅した。この間も地元住民はトキの調査研究や餌場の整備などの重要な役割を果たし、保護増殖活動を支援した。

第４期：人工繁殖の成功と野生復帰に向けた準備（1999 ～ 2008年）

中国から「友友（ヨウヨウ）」「洋洋（ヤンヤン）」という名前のトキのペアが1999年に贈呈され、「優優（ユウユウ）」が誕生し、我が国初の人工繁殖に成功した。

翌年、「優優」とペアになる「美美（メイメイ）」が供与され、これら２ペアからトキの飼育個体数は順調に増加していった。2003年には野生復帰の目標を定めた「環境再生ビジョン」が公表され、具体的には2015年頃に60羽定着の目標が示された。各取組と同時並行でトキの野生順化訓練が実施され、2008年に最初のトキ放鳥が行われた。1981年の全鳥捕獲以来、実に27年ぶりに佐渡にトキが野生復帰した。

次に、上記で整理した過去100年のトキ保護政策について、各期の詳細を既存資料により整理する。なお、トキ保護の出来事に関しては、主に『トキ年表（加治，2018)』を、また、トキ保護を支えた人に関しては、主に『回想録トキと人間と（須田，2018)』を参考として取りまとめた。

2-2　第1期及び第2期（1908-1967年）に市民が果たした役割

行政がトキ保護に本格的に乗り出した1967年以前にトキ保護を支えたのはまさに佐渡島内の地域住民であった。地元でトキに詳しい象徴的な人物が川上喚濤（1856年旧和泉村出身）と後藤四三九（1877年旧新穂村大野出身）であった[(4)]。川上は新潟県会議員時代、「トキは世界で絶滅している」と文献に記されていることを知り、「いやトキは佐渡で生きている」とトキの保護を訴え始める。川上は行政がトキ保護の標柱を立てる前から自ら揮毫した標柱を各地に設置した。1931年には高野高治が旧新穂村生椿で27羽のトキの群れを確認している。郷土史家の後藤は1933年に同人小冊子「佐渡」においてトキの論文を発表した。

後藤はトキの食性をはじめとした生態について、戦後多くの研究者が色々言っているようなことは、大正年代に調査をしており、今、トキの餌といえばドジョウのように思われているが、トキの好物はサワガニであることなども調査していた。田野沢の中村清、潟上の須田始治、北見新吾及び正明寺の土屋宇一等が、次々と後藤にトキの生態に関する情報を報告したという[5]。後藤の研究には多くの協力者があって、その観察範囲は広く様々な事がよく把握されていた。こうした後藤のトキの研究を知り、多くの市民が情報を提供した。研究者としての後藤と、情報集約のハブとしての後藤の両面性があったことが見て取れる。

このように後藤を中心とした佐渡の広範囲にわたるトキの生態調査は行政主導でもなく、島外の研究者主導でもなく、まさに地域住民を主体とした自発的な試みであり市民科学の先駆けだったと言えよう。

戦後になり、地元でトキに詳しい象徴的な人物が高野高治（1913年旧新穂村生椿出身）と佐藤春雄（1919年旧両津市加茂歌代出身）であった。高野は長年、野生のトキを保護する活動を続け、1981年の全鳥捕獲後は、佐渡トキ保護センター（旧清水平）の職員としてトキの世話も行った。また、自分の田んぼでドジョウを育て、それをトキ保護センターまで毎日のように運ぶなど、トキと人が共生できるよう願い続けた人の一人であった[6]。今でいう生きものの生息場所としてのビオトープ整備の元祖であったとも言える。戦後の食糧難の時代においても田んぼの一部は稲を植えずトキの餌場としていた高野には親戚や地域住民からも否定的な声が上がっていたという（息子の高野毅氏私信)。

一方、佐藤は戦後間もなく佐渡でトキの観察を始め、精力的な研究によりトキの食性や特徴的な生態を明らかにした。「佐渡トキ保護会」の会長を長く務め、熱心なトキ保護活動を展開し、佐渡島におけるトキ保護活動の第一人者であった[7]。

1959年に旧新穂村の教育長であった川上久敬は、入山禁止の保護活動を行うために「新穂とき愛護会」を立ち上げ、記録を残すためにトキ調査資料を編集した。当時の日本鳥類保護連盟理事長であった山階芳麿博士もこのトキ調査資料を次のように高く評価している。「おそらくトキの生態調査の資料としては、日本においても第一級のものであると確信する。それは全て現地で現地の人が現実に、観察した記録だからである。」この山階博士の証言は我が国の学術レベルにおいても第一級の市民科学が佐渡において展開されていた証左でもあろう。

また、地域ぐるみのトキ保護の取組として、旧新穂村の行谷小学校裏の林に設置された仮設フライングケージで、怪我をして救護されたトキの人工繁殖を試みるようになった。この試みは高野らのボランティア的な協力に頼っていた。川上は早くから専門の飼育員の必要を感じていたのであるが、なかなか佐渡では見つかりそうになかった。そこで山階博士にその人選を依頼し、1967年に佐渡に赴任したのが近辻宏帰（1943年東京都出身）であった。後の佐渡トキ保護センター長を務め、1999年のトキ二世・優優の誕生をはじめトキの人工繁殖等トキ保護に人生を捧げた人である。特に1981年の最後の野生トキ５羽の全鳥捕獲以降の飼育繁殖は困難を極めた。ベストを尽くすも一羽、また一羽と死んでいき、全国から誹謗中傷の声が届いていた。近辻と高野は親子ほどの歳の差であったが、高野は常に近辻を励まし、時には諌めつつ、誹謗中傷の声に対してどのような状況で飼育繁殖に取り組んでいるか、激務の中で資料も同封の上、一通一通返事の手紙を送っていたという（息子の高野毅氏私信）。後日詫び状が届いたとのことである。

今回、限られた人物しか紹介できなかったが佐渡のトキ保護には実に多くの地域住民による保護活動や生態観察があった。個体数の推移に関しては1931年の高野による27羽の確認に始まり、長年に渡り多くの市民による調査結果が多数記録されている。島外からの専門家による調査や研究事例も多く残されているが、やはり詳細な結果は地域住民による調査によるものが主であった。

最後に高野による1964年から翌1965年の厳冬におけるトキ調査結果を示す（**表4-2**）。正月休みも無く、吹雪の中、気温は氷点下20度に及ぶ日もあった。とてもトキ保護への関心だけで務まるものではない。研究者や行政とは異なるモチベーションの中で、データの中に高野のトキへの様々な感情が想起されるのではないだろうか。

表4-2　高野高治の厳寒におけるトキ調査の記録

1964年（昭和39年）			1965年（昭和40年）		
12月25日 （曇　5℃）	午前7:35出る 午前7:40出る 午前11:40出る 午後4:40帰る 午後4:50帰る	4羽 2羽 1羽 6羽 2羽	1月1日 （雨　3℃）	午前7:05出る 午前7:10出る 午前8:00出る 午後4:55帰る	4羽 2羽 2羽 8羽
12月26日 （晴）	午前7:20出る 午前7:30出る 午前8:00出る 午前8:10出る 午後5:10帰る	4羽 1羽 2羽 1羽 未確認	1月2日 （雪）	午前6:50出る 午前6:55出る 午前8:00出る 午後4:55帰る	4羽 2羽 1羽 8羽
12月27日 （曇　5℃）	午前7:10出る 午前7:40出る 午前10:00出る 午後4:30帰る	1羽 4羽 3羽 6羽	1月3日 （時々雪）	午前6:45出る 午前6:55出る 午前7:00出る 午前7:35出る 午後4:55帰る	1羽 2羽 2羽 2羽 8羽
12月28日 （曇　4℃）	午前7:00出る 午前8:10出る 午後4:40帰る	6羽 1羽 8羽	1月4日 （時々雪 -3℃）	午前7:20出る 寒さ厳しく中止し帰る	6羽
12月29日 （晴時々曇 5℃）	午前7:00出る 午前7:10出る 午前8:00出る 午前8:15出る 午後5:00帰る	3羽 3羽 1羽 2羽 8羽	1月5日 （時々雪） （以下略）	午前7:20出る 午後4:45帰る 午後4:55帰る	8羽 1羽 7羽
12月30日 （晴　9℃）	午前6:45出る 午前6:50出る 午前7:00出る 午後4:30帰る	3羽 1羽 3羽 2羽	2月12日 （時々吹雪 -20℃）	午前吹雪の為不能 午後5:05帰る	- -
12月31日 （曇）	午前7:30出る 午後4:40帰る	8羽 8羽	2月13日 （晴-20℃）	午前8:10出る 午前10:00出る 午後5:20帰る	4羽 1羽 3羽

須田（2018）より一部抜粋し、岩浅作成

2-3　トキの放鳥前後に市民が果たした役割

国内絶滅前のトキの生態を明らかにし、トキ保護の取組を推進していくうえで市民が果たした役割は大きかった。1967年からは行政が本格的にトキ保護政策を展開したが、その後も市民はトキの調査研究や餌場の整備などの重要な役割を果たし、保護増殖活動を支援した。こうした市民の力は、「野生復帰」というステージに突入すると、新たな展開を見せていく。本節では、2008年のトキ放鳥前後に市民が果たした役割について概観する。

2003年に野生復帰の目標を定めた「環境再生ビジョン」に基づき「トキの

野生復帰連絡協議会」が設立され、市民が主体となった野生復帰に向けた取組が本格化した。佐渡内外における様々な活動に関する情報の交換と共有が目的であり、構成メンバーである島内のNPO、集落組織、新潟大学等により放鳥に向けた緊急の餌場・ねぐら整備として復田によるビオトープや森林の整備が行われた。放鳥前後の重要な時期に島内の野生復帰に関する住民意識の盛り上げや島外への野生復帰活動のPRに果たした会の役割は大きかった（長田，2012）。なお、同会の会長は高野毅氏であり、上述した父の高治氏と親子二代にわたるトキ保護の取組は佐渡にとって大きなものであったことは衆目の一致するところである。

また放鳥後の大きな課題はトキのモニタリングであり、岩浅は環境省のトキ政策現地担当者として直接関わった。1981年の全鳥捕獲以前の生態情報では小佐渡東部地域の山奥が生息適地であり、巣はアカマツの樹上で、餌はドジョウも食べるがサワガニが好物等情報は限られていた。放鳥実施場所となったのは山地と平野部の境界にある新穂正明寺という地域であり、先行して生息する個体はいないため放鳥されたトキがどのような動きをするかは誰にも分からなかった。島内外の専門家も小佐渡東部の山中に定着する、否、島の全域に飛んでいく等意見も様々であった。なお、後述する島外への放鳥トキの飛翔は当時どの専門家からも発言はなかったことを筆者（岩浅・豊田）は記憶している。

環境省の資料によれば、トキのモニタリングの目的は佐渡島において再導入した野生下のトキの行動、生息環境等を調査するとともに、調査結果をその後の生息環境の保全・再生及び野生順化訓練に反映させ、野生復帰に関する技術の向上を図るためとしている。

しかしながら、モニタリングのための人員や予算は自ずと限りがあった。このような背景もあり、多様な主体の参画による調査体制を構築した。すなわち、環境省佐渡自然保護官事務所、国指定鳥獣保護区管理員、モニタリング調査請負業者、新潟大学、一定の知見・技術を有する市民ボランティアからなる「トキモニタリングチーム」を設立し、野生下のトキのモニタリングを進めていくこととした。モニタリングチームは、放鳥から16年以上が経過した現在もほぼ毎日トキの観察を実施し、トキの行動や生息環境等に関するデータを収集している。また、トキの一斉カウント調査等、年に1回程度行われる大規模調査においては、関係団体や関係者からも参加者を募り、広域的な調査を実施している。さらに、佐渡市では市民からのトキの目撃情報も受け付けており、寄せられた目撃情報もトキの野生復帰事業に反映している。

放鳥した10羽は期待されていた群れを形成することなく個別に行動した。バラバラに飛んで行ったことで当初生息場所の特定が非常に困難であったが、その後、放鳥地点から比較的近い北東側の両津・新穂地区に5羽程度、放鳥地点からやや距離の離れた南西側の羽茂地区に2羽程度と落ち着いた。そのような状況下で放鳥後間もない2008年11月8日には、放鳥されたトキが本州側の新潟県北部に位置する関川村で確認された。また、秋田、長野、能登と広範囲に移動する個体や佐渡と本土を行き来する個体もあり、飛翔能力の高さを証明した。さらには、放鳥した10羽のうち8羽が越冬し、トキの生命力の高さも証明された。これはいずれも島内外の市民からの目撃情報により明らかとなり、行政や専門家では決して収集することはできなかった貴重なデータであった。広範囲における市民の目、目撃情報の多さも市民科学の持つ強みの一つと言えよう。なお、放鳥前に岩浅は、上述したトキ保護に人生を捧げた近辻氏からは「大丈夫、トキのDNAを信じなさい」という言葉をかけられ、以来トキ放鳥の準備に邁進できた。

トキのモニタリングは多くの時間と労力を要し、まだ薄暗い早朝から日没までほぼ毎日、雨や暴風雪の日も休日も関係なく行われてきている。単にトキが好きというだけではとても務まるものではなく、地域住民としてトキの野生復帰を成功させたいという強い思いがその原動力であったように思う。仲間としてのトキや生きものへの眼差しが根付いている佐渡。これまで戦前、戦後にわたり佐渡の市民が果たしたトキの生態観察の状況を概観したが、放鳥後も一貫して培われてきた佐渡における市民科学は今も息づいている。

第3節　生物多様性農業政策の誕生

3-1　自然環境政策と農業政策の統合によるトキ認証米制度の創設

当初自然環境政策と農業政策とは連動していなかったが、2004年の熱波や台風による佐渡米の全滅とトキの餌場が足りないのではないか、という2つの危機を契機に当時の佐渡市長である髙野宏一郎氏の発案によりトキを活用した佐渡米のブランド、すなわち「トキ認証米制度」が誕生し、自然環境政策と農業政策の政策統合が起こった。これらの政策統合プロセスを可視化したのが**表4-3**である。

1999年のトキ二世誕生から2008年のトキ放鳥に向けて様々な政策が大きく展開した。国は野生復帰の目標設定や法定計画の改定を進め、トキの野生順化訓練、地域の様々な関係者との連携により自然環境や社会環境の整備を進めた。2004年の佐渡市の発足に伴い、佐渡市の政策としてトキ野生復帰事業を島全体で進めていく体制も整った。自然環境政策が農業政策と政策統合し、新たに生物多様性農業政策が生まれ、これには地域内外の様々な主体が起点となった取組が寄与していた点も浮き彫りになった。

2008年のトキ放鳥以降は、トキ認証米の生産・販売が始まり、佐渡市の農業部局に生物多様性推進室が設置されたこともあり、自然共生政策・生物多様性農業政策が一元的に行われる体制が整った。その後、世界農業遺産の登録や生物多様性地域戦略の策定など自然共生、生物多様性に関連する政策が大きく前進した。また、トキの野生個体数も順調に増加し、2014年には目標だった野生トキ60羽定着を1年前倒しで達成した。

この自然環境政策と農業政策の政策統合は一見すると行政主導にも見えるが、実は佐渡島内外の市民が起点となっていた。「トキの田んぼを守る会」の発端は旧新穂村の本間村長であった(8)が、さらにその発端はNPO法人副理事長の根本伸一氏であった。1999年のトキ二世・優優誕生のニュースを根本氏はたまたまニュースで見ており、「トキを放すには、トキが棲める環境

表 4-3　トキ野生復帰プロジェクトにみる自然環境政策と農業政策の政策統合プロセス（岩浅，2024）

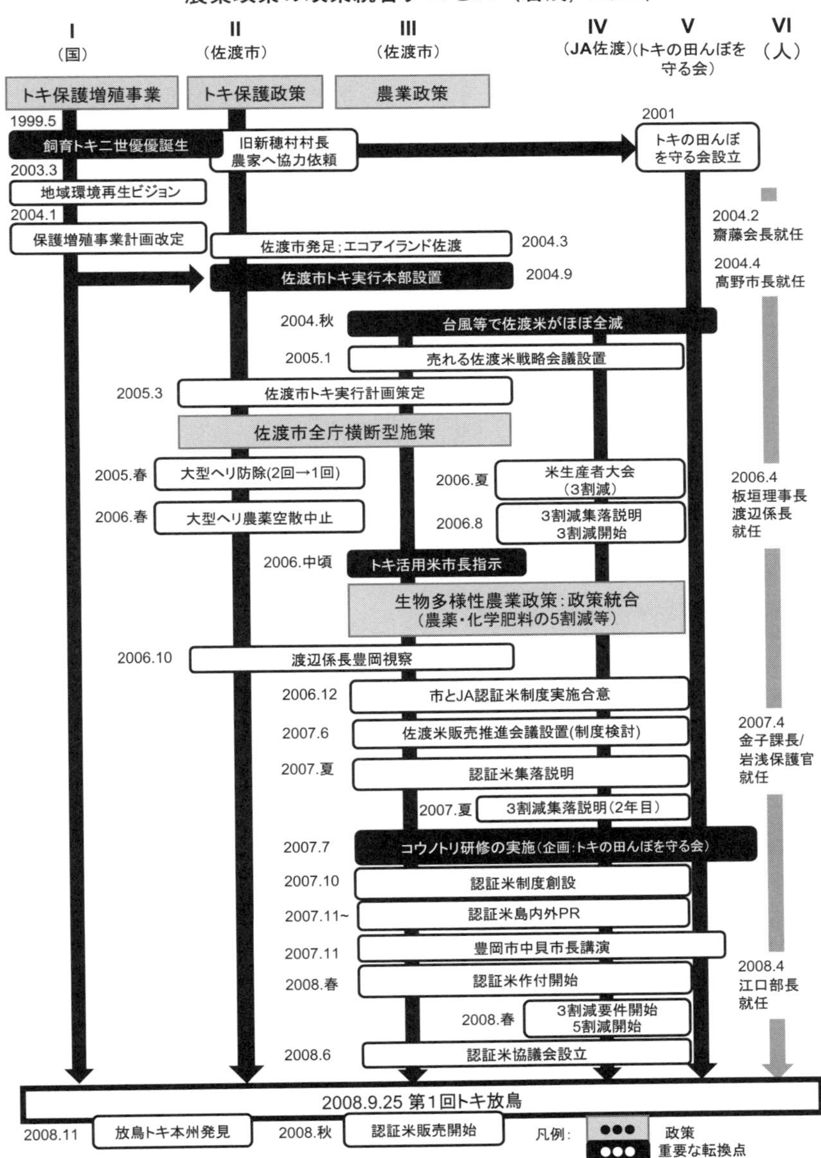

写真 4-1　美味しい佐渡米（トキ認証米制度）（佐渡市提供）

を取り戻す必要がある。まずなんといってもトキのえさがいる。そのためには、ドジョウやタニシが湧く自然耕の田んぼはうってつけだ。自然耕法を佐渡に持ち込もう。」と考え、上述の佐藤を通じて本間村長に根本氏が手紙を送ったところが政策の起点となっている（NPO法人メダカのがっこう，2001）。また、間接的ではあるが、豊岡の関係者がトキ認証米制度の創設に果たした役割は非常に大きく、豊岡市の具体事例が持つ説得力を伴う知見と、中貝市長等からの佐渡の関係者への鼓舞があったからこそ、トキ認証米制度創設に向けた自律的な動きが創発された（岩浅・豊田ら，2024）。豊岡の農家が培ってきたコウノトリ育む農法はトキ認証米制度の創設や制度内容の検討にあたって大きく貢献した。豊岡のコウノトリの野生復帰で得られた知見にはデータ化や明文化されていないものも含まれるが市民科学そのものである。また上記の豊岡と佐渡の実例からは、市民科学は域内だけで完結するものではなく、地域間の連携によって更なる付加価値やイノベーションをもたらすことが可能であるともいえよう。

写真 4-2　田んぼの生きもの調査の様子（佐渡市提供）

3-2　トキ認証米制度に農業者をはじめとした市民が果たした役割

前項で述べた通り、トキとの共生を図る上で核となったプロジェクトは、佐渡市がJA佐渡や地域農業者との連携のもと展開したトキ認証米制度である。兵庫県豊岡市のコウノトリ育む農法を参考に設計された制度であるが、大きく異なるのは、農薬と化学肥料の削減割合を豊岡市で当時８割だったのに対し、佐渡市は５割に設定していることだ。取組のハードルを低くし、できるだけ多くの農業者が制度に参加できるようにすることで、環境保全型農業を広く面的に展開することを目指した。トキ認証米制度の参加農家数と取組面積の推移を**図4-1**に示す。参加農家数は、制度を開始した2008年度は256戸だったが、2011年度に685戸まで増加した。その後、減少傾向が見られ、2022年度は382戸であった。減少の理由の１つは、水稲栽培農家数そのものが減少していることにある。2008年度から2021年度にかけて、7,120戸から4,042戸と、水稲栽培農家数が43％減少している。

一方、認証米栽培農地面積は、2012年度の1,334haがピークであり、その

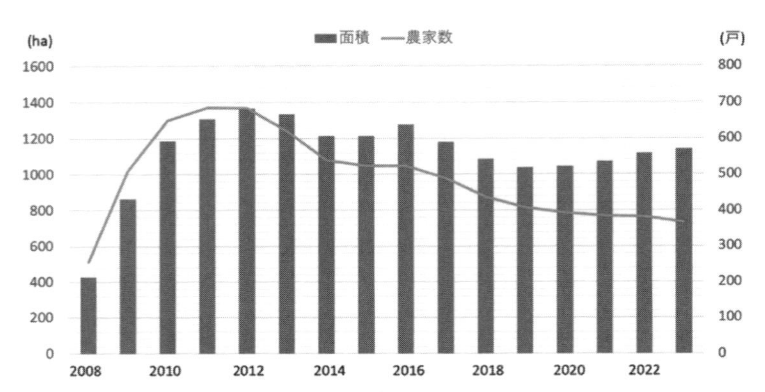

図 4-1　トキ認証制度参加農家数・取組面積グラフ（佐渡市統計資料に基づく）

後減少傾向にあるものの、水稲栽培農地面積の約20％を保っている。2019年以降は、微増となっている。

トキ認証米制度は、2008年度のスタート時から、実践に基づく見直しを重ね、トキにとってより効果的な、また農家にとってより取り組みやすいものへと変化している。冬期湛水の条件、畦畔管理の方法、江（生きもの保全のための農地内の水路）の設置方法などが見直されており、こうした制度の更新には、フィールドでの生態学的調査のほか、農家の声も反映されている。

朱鷺と暮らす郷づくり推進協議会は、年２回「朱鷺と暮らす郷づくり推進フォーラム」を開催しているが、2015年度と2016年度には農家の声を集める機会として、グループディスカッションを実施した。トキとの共生や環境保全型農業の取組に関する講話を聞いた後、10名程度のグループに分かれて制度に参加する中で感じていることを語り合った（**写真4-3**）。再検討すべき制度の要件があれば、協議会側からテーマを提示することもある。例えば2016年度の話し合いでは、認証米要件の一つである生きもの調査の方法が議題としてあがった。当初は、各農家が自分の田んぼの調査を通して環境の変

写真 4-3 「朱鷺と暮らす郷づくり推進フォーラム」での意見交換の様子

化を観察することを目的にしていたため、生きもの調査は各農家がそれぞれの田んぼで実施することを原則にしていた。しかし、複数の農家が集まって地域で調査を行う事例が増えてきたため、生きもの調査のやり方や意義について話し合うこととなった。田んぼの環境を知るという観点から考えると、農家がしっかり自分の田んぼを調査することを前提とすべきという意見がある一方で、話し合いの中では生きもの調査の社会的意義が明らかとなった。例えば次のような意見があがった。

・私の暮らす地域では、集落の回覧で呼びかけて、農業をやっていない人も、子どもたちも参加できるようにしています。みんなでやることはとても楽しくて、何かわからないことがあっても地元で暮らす高校の生物の先生に聞いて学んでいます。農業は個人でやるけれど、生きもの調査はみんなでやれるのがいいですね。

・生産組合の仲間で地域の人に呼びかけて、子どもも一緒にワイワイやっています。山の中の集落で楽しみが無く、子どもを見る機会もないので、お祭りのような感じで年２回やっています。

・サドガエル、私たちの地域でも発見しました。恐らく自分一人でやっていたら、そんなこと絶対気づかなかったと思います。

こうした意見からは、生きもの調査がコミュニティ形成において極めて重要な役割を果たしていることが窺える。地域の人がつながるきっかけになっているだけでなく、みんなでやることで生きものに対する気づきが増していることも示唆される。意見交換の結果を受けて、複数の農家が集まって地域やグループで生きもの調査を実施することも可能となった。もし「生きもの調査は各農家が個人でしっかり行う」という最初の方針に固執していたら、上述した意見に見られるような価値は蔑ろにされていたことになる。農家が語り合う場を設けたことで、よりよい制度設計の方向性が見えてきた一例である。

農家による生きもの調査を市民科学の事例として見た場合、自然科学的視点からより充実させるためには、調査によって収集するデータの正確性や継続性を重視することになる。ただし、政策デザインという観点から市民科学を生かしていく場合には、よりソーシャルな観点からの取組の意義を考えていく必要がある。

第4節　トキをシンボルとした新たな政策共創のしくみ

トキとの共生を目指して積み重ねてきた取組は、自然共生の先進地としての佐渡島のイメージを高めていくことにもつながっている。その結果、島外からの注目は高く、佐渡島をフィールドに地域課題解決のプロジェクトを展開し、持続可能な島づくりに貢献したいという島外の企業も多い。約5万人の人口規模を有していることもあり、技術やサービスの実証実験フィールドとしても注目されている。

高い注目を外から集めていることは、佐渡にとって大きなチャンスである。自然共生社会の実現に向けた次の一手を探るうえで、島外から集まる人・ナレッジ・資本をどのように活かすことができるのか、そのためのしくみづくりが必要となっている。そこで自然共生の共創を促進するための新たなしくみづくりを産官学民の連携で開始した。自然共生の価値創造に取り組むリビングラボの開設である。佐渡市、新潟大学、株式会社NTTデータが発起人となり、2022年11月に「佐渡島自然共生ラボ（以下「ラボ」とする）」を立ち上げた。

ラボの機能を**図4-2**に示す。中核にある「自然共生探究サイクル」とは、自然共生をめぐる様々な課題にアプローチするための共創プロジェクトの展開を意味する。課題を観察し、他事例から学び、佐渡で展開可能な取組を見出す。取組を試験的に実装するプロセスを通して、可能性と課題を整理し、プロジェクトを更新していく。継続的な試行のサイクルを展開しながら、自然共生の課題に取り組んでいくためのしくみである。

日本で実装されているリビングラボには、事業開発の拠点、自治体等によるまちづくりの拠点、生活の向上のための研究拠点など、いろいろなスタイルのものがあるが（中谷ほか，2019）、佐渡島のラボは地域課題解決の公共的なプラットフォームの役割を有している。特に、自然と共生する社会の実現に取り組むうえで、市民や企業等「民」の参加は不可欠である。ラボでは、産官学民の連携で地域課題の解決に取り組む機会を創出しているが、多様なセクターが参加しての課題解決の探究は、市民科学のしくみづくりの試みとも意義付けられる。そうしたしくみづくりの工夫として、ラボでは、企業の実証実験や大学等による研究プロジェクトだけでなく、市民の提案によるハンズオン事業の展開や市民参加の政策デザインを重視している。どちらもサステナブルな社会の実現に不可欠な、地域によるガバナンス（自治）の促進を視野に入れており、そのためのアプローチとして市民科学を捉えている。

市民科学には、様々な目的とスタイルがあるが、自治という観点から階層的に捉えてみたい。その際に参考となる考え方に、地域主体のまちづくりを描写した「市民参加のはしご」がある（Arnstein，1969）。市民参加のスタイルを８つの段階に分け、段階が上がるほどより深い参加の実現につながることを示している（**図4-3**）。こうした考え方にもとづき、市民科学を以下３つの段階で捉えてみる（**表4-4**）。

表4-4　市民科学の3つの段階

第1段階	調査	研究機関・行政機関が主導するプロジェクトのなかで、市民がデータの収集に参加する。
第2段階	協働	研究機関・行政機関が発案したプロジェクトに、市民もパートナーとして一緒に課題解決に取り組む。
第3段階	ガバナンス	市民が主体的に課題を設定し、研究者と連携を図りながら、課題解決を試みる。

第3段階までを意識してしくみづくりを行うことで、地域のエンパワメントにつながる市民科学が醸成されていくのではないか。ラボでは、第2段階、さらには第3段階の市民科学を目指している。

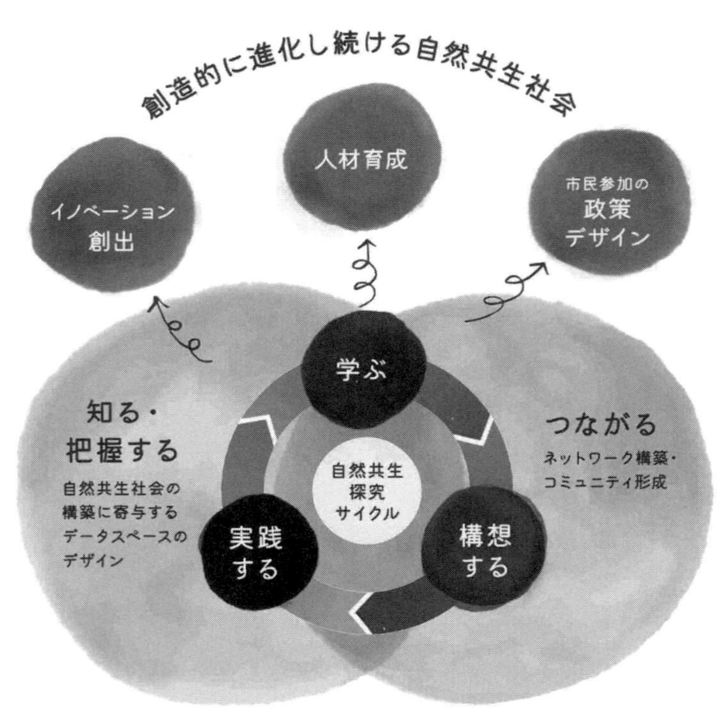

図4-2　佐渡島自然共生ラボ機能図

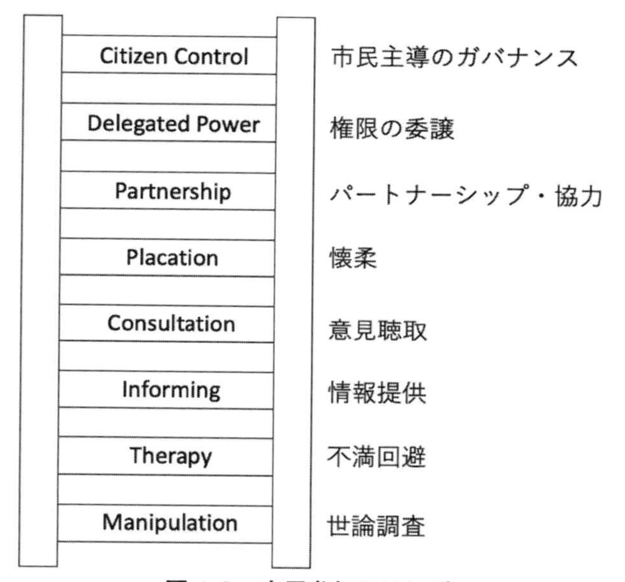

図 4-3　市民参加のはしご
市民参加のはしご（The ladder of citizen participation）
（Arnstein, 1969 をもとに作成）

第５節　今後の政策・地域自治の側面からの市民科学のあり方

本章では佐渡におけるトキの野生復帰を例に政策・地域自治の側面からの市民科学の実相を見てきた。政策と聞くとトップダウンによる行政や政治を想起するかもしれないが、決してそうではない。政策の起点を丁寧に探っていくと市民が起点となっていることが多く、今回の佐渡の事例においても域内における長年にわたるトキの生態情報の収集や分析、専門的な知見の集積や人的ネットワークも豊富であったことも確認できた。さらにはコウノトリの野生復帰の先進地である豊岡や全国で展開するNPOなど域外の市民同士の連携や共創など、様々な市民科学のアプローチが確認できた。行政官や政治家は任期があり、異動や選挙があるので在任期間は比較的短期かつ限定的である。政策の継続性を確保するためにも市民科学の果たす役割は非常に大きい。

全国の地域を歩いている中での実感ではあるが、地域の政策への関心が弱く、政策を自治体や議会に一任しているような地域も見られる。より深刻なケースとしては政策への無関心や他人事が見受けられ、これこそまさに地域の自治の危機である。域外からのイニシアティブにより人材や資金が域内にやってきてもそれらが期限付きで打ち切られるや否や頓挫する政策は多々見受けられる。人口増加、経済成長の時代においては政策上の多少のミスは致命傷にならなかったかもしれないが、これからの人口減少の時代においては何もやらなければ地域経済の低迷、地域コミュニティの衰退等の悪循環は必至であり、行き着く先は地域の弱体化である。また人口増加から人口減少へと前提が変わっていることもあり、前例踏襲が致命傷になりうることもある。自治体は財政危機と人材不足、議会も高齢化や担い手不足による定数割れが現に起こっており、それらに地域の政策を一任し続けることで地域の明るい未来は展望できようか。文字通り自ら治める「自治」の復権が求められる。

とはいえ、地域政策を進めるにあたっては自治体や議会の役割は大きく、地方分権の流れの中ではむしろ増しているとも言えよう。そのような状況の中で、これからの地域政策は自治体や議会だけで立案・実行していくものではなく、市民が起点となってイニシアティブを発揮して多様な主体を巻き込みながら関係性を構築し、市民科学のアプローチを採りながら地域の様々な政策を立案し、社会実装することが肝要である。

一方で政策・地域自治の面からの市民科学には課題も見て取れる。(1) 市民のイニシアティブや取組が点にとどまっており、線・面としての連携や行政や政治への巻き込みやアクションが弱いこと、(2) 市民が起点となっている地域政策が行われていても発信されていない、もしくは発信力が弱いこと、(3) 一過性の取組が多くモデル化や理論化の視点が弱いこと、(4) リーダー個人のイニシアティブに頼ることが多く組織力を発揮できていない、(5)「科学」が自然科学に限定される狭義的な理解にとどまっていること、などが挙げられる。

これらの課題を打開するために、まず前提として、地域の政策を展開する上で市民が重要な役割を果たしうることが広く認識される必要がある。その上で、以下の５つの視点が重要となる。

(1) 点の取組を線や面の取組とするための連携・ハブ機能
(2) 政策の起点、市民発のイニシアティブとしての旗振り役機能
(3) 縦割りに陥っている各分野を具体的な社会実装プロジェクトとして政策統合させる機能
(4) 自然科学と人文科学の統合と、データ分析といった科学的な視点の醸成
(5) 地域知・在来知・暗黙知などデータ化・定量化が難しい地域の暮らしの中から育まれた智恵（このようなデータ化が難しい知も立派な市民科学の範疇であると提案したい）と科学知の統合

第４節では産官学民といった多様な主体の域内外の連携により新しい自治、新しい政策を目指す組織体として「佐渡自然共生ラボ」の試みを紹介した。取組は緒についたばかりであり試行錯誤の連続ではあるが、市民科学のアプローチをとりながら上記のような視点も取り入れながら新しい産官学民連携による政策立案と社会実装のしくみとして発展させることができたらと考えている。

本章では佐渡のトキを例に政策・地域自治の観点から市民科学アプローチを論じてきた。佐渡や、佐渡との関わりが強い豊岡のコウノトリの事例以外にも全国には市民科学に基づく自然共生の事例が数多く存在する。これらの事例を市民科学の視点から検証し、更なる政策・地域自治に繋げていく視点が求められる。更なる政策立案の際にはこれまでの事例を自然環境政策として単独で扱うのではなく、トキ認証米のように農業政策との統合のように政策統合（policy integration）(9) を意識し、分野横断の視点で更なる連携と共創を生み出していくことが肝要である。さらには佐渡と豊岡のように域内外の連携により、学び合い、双方の強みを発揮させそれぞれの弱みを補い合っていくことも重要である。コロナ禍を経て都市から多自然地域への注目は高まっており、都市と多自然地域の関係性だけではなく、ローカルからグロ

ーバルへの更なる展開や、ローカル to ローカルの流れが生まれつつあることも自然共生、「ネイチャーポジティブ」の観点からも追い風でありこの流れを次に活かしたい。

終わりに、地域創生を語る際には経済や社会がテーマなることが多いが、序章でも示したように経済や社会が混迷する中で、厄介な問題を解決し、明るい未来を切り開くためには経済、社会の基盤でもある地域の自然・文化、コミュニティから課題を捉え直し、NbSなどの考え方も取り入れながら経済、社会の再構築（リデザイン）を行っていく必要があると考える。例えば、佐渡においては抽象的な長期目標ではなく、具体的で現実的な状態としての「人とトキの共生する地域社会」、「エコアイランド佐渡」を一歩一歩具現化してきた経緯がある。コウノトリの野生復帰を実現した兵庫県豊岡市は、トキの野生復帰やトキ認証米制度の創設にも重要な役割を果たしたが、まちづくりのビジョンとして「コウノトリもすめるまち」、「小さな世界都市―Local & Global City」を掲げている。人間社会の中だけ、さらには理念先行の「ネイチャーポジティブ」ありきで考えるのではなく、生きものとの共生や世界とのつながりの中で、人口減少をはじめとした地域の課題やニーズなど地域創生の視点も含め包括的に考え、行動し、結果としての「ネイチャーポジティブ」に繋げ地域社会全体で好循環を生み出していく。第1章の課題として挙げた漠然とした自然共生社会ではなく、極めて具体的な自然共生社会の実現に向けて、自然や、さらにそこから育まれた豊かな文化、すなわち自然・文化をベース、シンボルとした新たな政策や地域自治への展開、自然・文化を活用した地域創生が今こそ求められている。

それでは次の第5章では教育・社会的学習の側面からの市民科学アプローチ～ VUCA社会に向き合う学びと協働の連動性～を見ていこう。

BOX4-1：佐渡島加茂湖水系再生研究所にみる市民科学

豊田　光世（佐渡島加茂湖水系再生研究所）

新潟県最大の湖沼である佐渡島の「加茂湖」は、４つの河川の流れを集めて両津湾に注ぐ汽水湖で、カキ養殖業を主産業とする。この湖をフィールドに環境保全活動を展開しているのが「佐渡島加茂湖水系再生研究所（通称「カモケン」）」という市民研究所である。加茂湖は、佐渡市所有の法定外公共物であることから、主たる利用者であるカキ漁師を中心に保全を行う必要がある。ただし、下流の水域は、流域全体の暮らし・産業の影響を受けるため、多くの人の協力が必要となる。そこで、多様な主体が参画して加茂湖の環境保全を進めていこうと、2008年７月にカモケンを民官学連携で立ち上げた。

カモケンでは、環境や景観の勉強会や他地域の水辺づくりの視察を行い、加茂湖の再生に向けて何ができるか議論を重ねた。その中で、まず試みたのが、湖岸のヨシ原再生事業である。かつて加茂湖の周囲には青々としたヨシ原が広がっていたが、農道拡幅を目的とした矢板護岸整備によって、その多くが失われた。ヨシには水質浄化の機能があり、水生生物の良好な生息環境にも寄与すると言われているが、ヨシが茂る湖畔の風景は、何より漁業者にとって水辺の豊かさを思い出させるものである。豊かな里海再生の象徴としてヨシ原再生を進め、加茂湖の環境を考える人の輪を広げていくことを目指した。

計画づくりから施行、維持管理までを市民主導で進める「ヨシ原再生市民工事」

写真１　加茂湖で再生したヨシ原

を2011年に開始した。参加者で図面を描き、地元の建設業者の協力のもと、ヨシ場を整備した。ヨシ場にはカキ殻をすき込んで、シルト質の地盤を改善し、竹のしがらで囲んで侵食を防いだ。工事後の春にはヨシが芽吹き始め、市民工事は成功した。再生されたヨシ原は、市民が水辺に近づくことのできる数少ない場所であり、島内小学校の環境学習のフィールドとしても活用されるようになった。カモケンは、現在に至るまで人びとの参加を呼びかけながらヨシ原の再生と維持管理に取り組んでおり、加茂湖のヨシ原の面積は少しずつ広がっている。

ヨシ原再生を皮切りに、カモケンは、加茂湖漁業協同組合との連携で「加茂湖活動組織」を立ち上げ、水産多面的機能発揮対策事業の助成を受けて藻場の保全や漂着物の撤去などにも取り組み始めた。成果が蓄積されてきたヨシ原再生の取組とは対照的に、藻場の保全は難航している。そこで、カモケンメンバーである地域の潜水会社が核となり、新潟県の技術者、環境コンサルタント、大学等との連携を計りながら、藻場の生育状況や湖底環境のデータ収集を行い、再生に向けた一手を探り始めた。こうした連携の拡大や科学的データ活用の促進により、カモケンは市民研究所として成長しつつある。

注

（1）地球規模生物多様性概況第5版（GBO-5）（2020）
原文：https://www.cbd.int/gbo5
日本語版：https://www.biodic.go.jp/biodiversity/about/library/files/gbo5-jp-lr.pdf
（2）https://www.env.go.jp/content/900517328.pdf
（3）https://toki-sado.jp/wp-content/uploads/2023/02/20230207_tokihansyokukisuiteisyusei.pdf
（4）1930年（昭和5年）6月7日、東京日日新聞新潟本社主催で「佐渡郡郷土座談会」が両津小学校で行われ、珍鳥「朱鷺」の話が語られる。席上、後藤は「十年前、内務省から私と和田房吉君に照会してきたので調査したが、新穂村青木のこうぜん山や国見山の大きな松に巣があって野田イブの沢田に降りているのを見た」と発言する。当時加茂の山にいたトキに詳しい川上喚濤も出席し、「珍鳥としては鷺の一種にとき（朱鷺）というのがある。白い羽毛の中に紅い羽毛が混じっているもので久留米中学教諭河口孫次郎の調査によれば日本では佐渡だけとある。昨年までは確かにいたが本年はまだみない。」と発言している。
（5）後藤の論文に出ていた多くの協力者は他町村にも及び、22名もいた。相川、二宮、夷、加茂、新穂と佐渡島内の広範囲にわたっていた。
（6）https://www.env.go.jp/nature/nats/report/sado/3-5.pdf
（7）https://www.env.go.jp/press/10194.html

（８）https://www.mainichi.co.jp/event/aw/mainou/prizewinner2016001.html
（９）異なる政策目的と手段を政策形成の初期の段階から計画的に統合すること（松下，2010）

引用文献

Arnstein, S. R.（1969）A ladder of citizen participation, *Journal of the American Institute of Planners* 35: 216-224.

岩浅有記（2019）「トキ放鳥までの道のり」『國立公園』770、12-15.

岩浅有記・豊田光世・西牧孝行・鎌田磨人（2024）「希少生物保全を核とした政策形成プロセスの分析〜トキ野生復帰に向けた認証米制度創設にみる自然環境政策と農業政策の統合〜」『景観生態学』29、99-109.

加治隆（2018）『トキ年表―トキの保護増殖，野生復帰，人と共生する環境づくりのあゆみ―』、学校法人東京環境工科学園東京環境工科専門学校、1-77.

環境省（2008）トキ保護活動感謝状の贈呈について（お知らせ）.〈https://www.env.go.jp/press/10194.html〉（2024年4月8日アクセス）

環境省（2008-2010）佐渡島での自然体験プログラム.〈https://www.env.go.jp/nature/nats/report/sado/3-5.pdf〉（2024年４月８日アクセス）

環境省（2021）『生物多様性国家戦略2012-2020の実施状況の点検結果』〈https://www.env.go.jp/content/900517328.pdf〉（2024年4月8日アクセス）

環境省・新潟県・佐渡市（2023）『トキと共生する里地づくり―佐渡島の取組を例として―』

環境省（2024）第24回トキ野生復帰検討会　資料2−1野生下のトキの状況等について.〈https://kanto.env.go.jp/content/000199038.pdf〉（2024年4月8日アクセス）

須田中夫（2018）『回想録トキと人間と』、日中朱鷺保護研究会.

生物多様性条約事務局（2020）『地球規模生物多様性概況第5版（GBO-5）』
〈原文：https://www.cbd.int/gbo5〉（2024年4月8日アクセス）
〈日本語版：https://www.biodic.go.jp/biodiversity/about/library/files/gbo5-jp-lr.pdf〉（2024年4月8日アクセス）

中谷桃子，中根愛，赤坂文弥，石井陽子，渡辺昌洋（2019）「リビングラボにおける対話の場がもたらす価値〜「ともに育むサービスラボ」を事例として」『ヒューマンインターフェース学会論文誌』21（4）：391-404.

長田啓（2012）「トキ野生復帰事業の経過―事業の枠組み・推進体制を中心に―」『野生復帰』2、89-101.

第5章

教育・社会的学習の側面からの市民科学アプローチ
～ VUCA社会に向き合う学びと協働の連動性～

佐藤真久

第1節　はじめに

本章では、「教育・社会的学習の側面からの市民科学アプローチ～ VUCA社会に向き合う学びと協働の連動性～」と題して、市民科学に関する取組を、教育・社会的学習の側面から考察する。丸山（2007）は、「市民科学は、市民自らが観察者になり、知見を蓄積する取組であり、それは、単に多くのデータを集めることが可能なだけでなく、市民の当事者意識や参加意識を高め、社会的な合意を形成するとともに、環境保全への長期にわたる市民の関与も期待される。」としている。本章では、とりわけ、丸山（2007）の指摘する、「…市民の当事者意識や参加意識を高め…」といった教育・社会的学習の側面と、「…社会的な合意を形成する…長期にわたる市民の関与…」といった社会参加と協働の側面を主に取り扱うこととしたい。

本章前半部分では、社会的学習について概観し（第2節）、その後、社会的学習（第3学派、以下、社会的学習Ⅲ）の理論的枠組（佐藤・Didham, 2016）を紹介する（第3節）。その後、学校教育現場で求められる社会的学習Ⅲの側面について考察する（第4節）。本章後半部分では、社会的学習Ⅲの理論的枠組を援用することにより、市民科学の取組事例（本章では、プロジェクト保津川を主に取り扱う）に内在する社会的学習Ⅲの意味合いを考察

Key Word：社会的学習、実践共同体、学習共同体、経験学習理論、協同的探究、コミュニケーション的行為

する（第５節）。その後、市民科学における社会的学習Ⅲの理論の有効性と課題について考察を行う（第６節）。

なお、読者によっては、理論的背景（第２節）や理論的枠組（第３節）、学校教育と社会的学習Ⅲとの接点（第４節）について理解を深めることよりも、より実装面での社会的学習の意味合いに関する理解を深めたい方がおられることだろう。その際は、市民科学の取組事例（第５節）から読み始め、その取組の背景に内在するものとして、本章前半部分（第２節から第４節）を活用することをお勧めする。

第２節　社会的学習とその進展

2-1　社会的学習の歴史的進展

DidhamとOfei-Manu（2015）は、社会的学習理論には３つの学派があると指摘している。そして、「社会的学習（第１学派、以下、社会的学習Ⅰ）」の理論については、社会認識論、認知心理学の分野に基づき、1960年代初期にBanduraにより開発されたとしている。Banduraは、個人の行動に関する学習は、観察を通じて発生することもあることを示し、学習は社会的文脈で発生する認知プロセスであり、社会的通念に影響されると主張している(Bandura, 1977)。このように、社会的学習Ⅰは、個人がいかにして社会から学習するかを説明している。それに対して、「社会的学習（第２学派、以下、社会的学習Ⅱ）」の理論は、組織的学習と組織管理の分野で発展したと指摘している。社会的学習Ⅱの概念は、いかにして集団的学習とグループ学習が発生するか、また、それが実社会でのグループメンバーの経験にどのように影響されるか、組織がいかに学習し適応するかという点について考察をしている。社会的学習Ⅱの理論構築には、1970年代後半のArgyrisとSchonの研究（二重ループ学習：Double-loop Learning）や、1980年代初頭のRevansの研究（行動学習プロセス：Action Learning Process）などがあるものの、1990年代初頭に入ってから活発化した（例として、Sengeによる「学習する

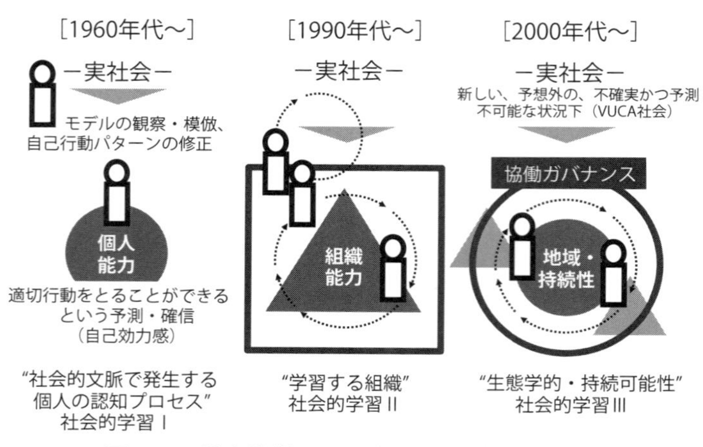

図 5-1　社会的学習の歴史的変遷（佐藤，2018）

組織」など）と指摘している。社会的学習Ⅰ、社会的学習Ⅱはいずれにおいても、人や組織（集団、グループ含む）が、社会から学び、適応するという点では同じ視点を持っているといえるだろう（**図5-1**左・中央）。

2-2　社会的学習Ⅲ～生態学・天然資源管理と場を重視した学び

社会的学習Ⅲは、「生態学的・持続可能性社会的学習」（Ecological/Sustainability Social Learning）とも言われ、生態学的問題、天然資源管理、持続可能な開発の理論とも深い関係性を有しているといわれている。この新しいアプローチは、天然資源管理、参加型農村調査（PRA）、集団的な問題解決アプローチにおける、共同体への参加に関する研究から生まれた。Wildemeersch（2009）は、社会的学習Ⅲを、「新しい、予想外の、不確実かつ予測不可能な状況で活動するグループ、共同体、ネットワーク、社会システムで発生する学習は、予想外の状況における問題解決に向けられ、このグループまたは共同体において有効な問題解決能力の最適利用によって特徴付けられる」と定義している。そして、佐藤ら（2016）は、社会的学習Ⅲは、予め決められた知識一式を学習するものではなく、実践的に試行し、総体的

図 5-2　持続可能な環境管理に編み込まれた
５つの要素と社会的学習プロセスⅢ(Keen et al., 2005)

に判断する新しい知識を創造するための調査、対話、実践、内省の協働的な追求であると述べ、VUCA（変動、不確実、複雑、曖昧）社会に対応し、協働を前提とした状況的な学びであると指摘している（**図5-1**右）。Keenらや Dyballらは、持続可能な環境管理に不可欠な活動には、(1)［内省と反省］、(2)［組織の方向性と組織としての思考］、(3)［統合と合成］、(4)［交渉と協働］、(5)［参加（場に集まること）と参画（取組にコミットすること）］の５要素が重要であると指摘し（Keen, Brown & Dyball, 2005）（**図5-2**）、それらは効果的な社会的学習Ⅲに編み込まれた重要な特徴であるとしている（Dyball, Brown & Keen, 2009）。これらを踏まえると、社会的学習Ⅲは、**図5-1**右の通り、社会状況がこれまでと大きく変わっていることを踏まえた上で、VUCA社会に対応しつつ、異なる属性を有する個々（人や組織）が、持続可能な社会構築に向けて、「協働しながら学び合う」といった知識創造を目指す、動的な側面が色濃くでているものであると理解できよう。

第３節　社会的学習Ⅲの理論的枠組

そして、佐藤ら（2016）は、これまでの理論研究に基づき、社会的学習Ⅲには、(1) 実践共同体・学習共同体、(2) 経験学習、(3) 協同的探究、(4) コミュニケーション的行為、の４つの観点があるとし、社会的学習Ⅲを考察する際の理論的枠組を提示している。本節では、佐藤ら（2016）が指摘する４つの観点を概説することとしたい。

3-1　実践共同体（CoP）を基礎とした学習共同体

実践共同体（Community of Practice：CoP）は1991年にLaveとWengerが構築し（Lave & Wenger, 1991）、1998年にWegnerがこれを発展させた社会的学習Ⅲの理論である。実践共同体（CoP）の概念は、[相互参画]（mutual engagement）、[共同事業]（joint enterprise）、[共有レパートリー]（shared repertoire）を前提としており、活動を完了するために人々が集い、共同体が自らの固有の実践形式を確立し、それを行う際に自分たちが参画する行動の意味について互いに交渉し、共通認識の構築をしていかなければならないという考え方に基づいている。さらに、実践共同体（CoP）は、社会科学、教育科学、管理科学において状況的学習（situated learning）への有効なアプローチとして一般の支持を得てきた。実践共同体（CoP）は、共有実践における相互参画のダイナミックなプロセスによって既存の知識の取得と新しい知識の創造を共に可能にするという点で、とりわけ価値があるといえよう。また、HungとChenは、「学習共同体」（Learning Community）は、実践共同体（CoP）が基礎にあるなかで成り立つとし、効果的な「学習共同体」の特徴として、(1)[状況依存性]（situatedness）（状況的認知の概念から提示、充実した社会的文脈に学習が組み込まれるときに、学習者は暗黙知と形式知を得る）、(2)[共通性]（commonality）（内省的実践に参画する共有の目的意識と参加者グループの共通の関心の重要性を表す）、(3)[相互依存性]（interdependence）（学習者グループの様々なメンバーが、固有のスキル、専門知識、グループの異なる要求によってグループ化されるときに確立）、(4)[基盤]（infrastructure）（CoPの長期継続に向けて参加を促進、説明責任を確保）を特定している（Hung and Chen 2001）。佐藤ら（2016）は、上記に加え、Wegner（1998）が詳述したように、効果的な学習共同体の五番目の特徴として（5）[帰属]（belonging）を追加することにより、基本構造の理解をさらに深めることができると指摘している。

3-2　経験学習理論（ELT）

経験学習理論（Experiential Learning Theory：ELT）では、経験学習を、「知識が経験の転換によって創出されるそのプロセスであり、知識は、経験し転換することの組み合わせから生じる」と定義している（Kolb，1984）。経験学習理論（ELT）は、当初1975年にKolbとFryによって概念化され、1984年にKolbによって詳述された。Kolb（1984）は、経験学習サイクルを創出する段階を、(1)［具体的な経験］、(2)［内省的観察］、(3)［抽象的概念化］、(4)［活発な実験］と定めている。そして、どの段階からでもこの経験学習サイクルに入ることができるが、各段階は上記の順で続くと指摘している。実践共同体（CoP）を基礎とした学習を考察する際に、この経験学習サイクルは、我々の環境についての知識を得る重要なプロセスとして、実社会での具体的な経験と、抽象的思考／内省に価値が置かれている理論として、有効なモデルを提示しているといえよう。

3-3　協同的探究（Cooperative Inquiry）

協同的探究（Cooperative Inquiry）（協働的探究、Collaborative Inquiryともいう）は、1970年代にHeronとReasonにより最初に開発された研究方法論に基づいている。協同的探究は、参加型行動研究（Participatory Action Research：PAR）と深く関係しており、探究共同体（communities of inquiry）の創出を目指し、全てのメンバーが学習プロセスに積極的に参画する方法論的アプローチである。そして、参加型行動研究（PAR）では、３つの知識、つまり、(1)［表象型知識］（representational knowledge）（実証主義的な枠組に基づき最もよく研究される種類の知識）、(2)［関係型知識］（relational knowledge）（共感プロセスと他者／他の事項の位置付けに直接関係することによって得られる知識、共同体での生活において重要）。(3)［内省型知識］（reflective knowledge）（自己発見を全体、善悪の観念に基づく判断、展望の重視、社会的な変化・変革において重要な役割を果たす）を創造することを意図している（Reason & Bradbury, 2003）。さらに、協同的探究の主な前提は、卓越した研究は、人々と共に（with）行う必要があるということである。このように、研究者は自身の研究課題について実際に取組むだけでなく、グループメンバーを動機付けし、参加を促し、自身も行動と内省に基づいて関わり続けることが必要であるといえよう。

3-4　コミュニケーション的行為（Communicative Action）

コミュニケーション的行為（Communicative Action）は、社会的理解や観点の論理的再構成を目指す相互／グループ協議の理論で、1980年代にHabermasが説いた。そして、社会文化的な決定要素の相互理解と論理的再構成を構築する手段として、コミュニケーションと協議の重要性を指摘している。McCarthyは「発話内行為の交換によって関係を確立することは、話し手と聞き手がその一連の行動について相互理解を達成することを可能にする。すなわち、生活の重要な領域において、競争ではなく協力できることを意味する」とし（McCarthy, 1994）、コミュニケーション的行為が相互協力へ資する可能性を指摘した。コミュニケーション的行為は、これまでの手段的合理性や機能的合理性にとって替わる考え方（コミュニケーション合理性）に基づいているものであり、関わる主体が科学的知見を有しているか否かに関わらず、個々が有する知見、主観、価値規範、置かれた状況を尊重し、社会的理解や観点の論理的再構成を目指すものである。集団的な対話や協議をするプロセスそのものが、実践共同体（CoP）の実現に資するものであるといえるだろう。

第４節　学校教育現場で求められる社会的学習Ⅲ

社会的学習Ⅲは、今日の学校教育現場における探究活動（主として総合探究）とも深く関係している。文部科学省（2018）は、探究活動について、「探究の見方・考え方を働かせ、横断的・総合的な学習を行うことを通して、自己の在り方・生き方を考えながら、よりよく課題を発見し、解決していくための資質・能力を育成」することを目的に、(1) 探究の過程において課題の発見と解決に必要な知識および技能を身につけ、課題にかかわる概念を形成し、探究の意義や価値を理解するようにする、(2) 現実の世界と自己とのかかわりのなかから問いを見いだし、自分で課題を立て、情報を集め、整理・分析して、まとめ・表現することができるようにする、(3) 探究に主体的・協働的に取り組むとともに、互いのよさを生かしながら、新たな価値を創造し、よりよい社会を実現しようとする態度を養うための教育課程の充実が、小中高といった学校種を超えて期待されている。

さらに、文部科学省（2018）は学校教育における探究活動において、(1) 探究の高度化（①探究において目的と解決の方法に矛盾がない（整合性）、②探究において適切に資質・能力を活用している（効果性）、③焦点化し深く掘り下げて探究している（鋭角性）、④幅広い可能性を視野に入れながら探究している（広角性）など）と、(2) 探究の自律化（①自分にとって関わりが深い課題になる（自己課題）、②探究の過程を見通しつつ，自分の力で進められる（運用）、③得られた知見を生かして社会に参画しようとする（社会参画）など）が重要であると指摘している。

これらの指摘を読み解くと、日本の学校教育における探究活動（主として総合探究）においては、社会的学習Ⅲ（実践共同体を基礎にした学習共同体、経験学習、協同的探究、コミュニケーション的行為）の側面が内在化されていることを読みとることができる。これは、今日のVUCA社会へ対応し、持続可能な社会の構築に向けて、これまでの教科教育を主とし、個人の学びを重視した教育を基礎としつつ（**図5-3**、第三象限）、複雑性に向き合うなかで、学習と協働の連動性を高めること（**図5-3**、第一象限）が重要であるとの指摘（佐藤、2022）との整合性を読みとることができるだろう。

このように、社会的学習Ⅲが編み込まれた学校教育における探究活動（主として総合探究）は、社会の複雑性に向き合い、学びと協働を通して、多様な主体が互いに学び合い、成長する場とプロセスも包含した広義の意味とし

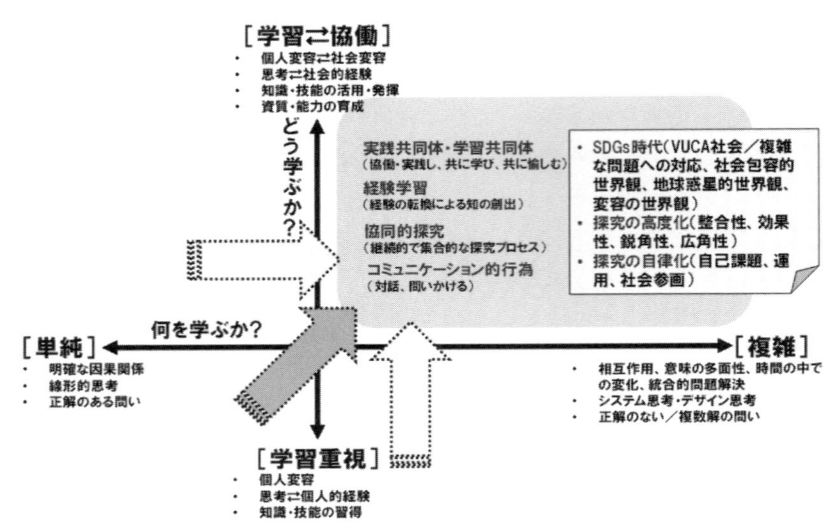

図 5-3　複雑性に向き合い、学習と協働を連動性させる探究モードへ

佐藤（2022）に基づき筆者加筆

ての「学習」の側面を有している。このように市民科学は、地域をフィールドとした探究活動の活性化にも貢献するとともに、小中高などの学校種間の連携や、学校教育と地域活動の連動性を高めるアプローチとしても、生涯探究社会の構築に向けて大きな役割を有しているといえるだろう。

第５節　市民科学の取組事例に内在する社会的学習Ⅲ

5-1　プロジェクト保津川の取組概要

本節では、市民科学の取組事例に内在する、社会的学習Ⅲとしての意味合いを、佐藤・Didham（2016）の理論的枠組に基づいて考察することを目的としている。とりわけ、市民科学がもたらす自然再興と地域創生の好循環の事例として、保津川流域における地域と行政の政策協働による持続可能な地域づくりの事例（BOX5-1）（以下、「プロジェクト保津川」）と、その事務局を担いつつ研究を深める原田氏の論考を取り扱うこととしたい。

BOX5-1　特定非営利法人プロジェクト保津川の概要

1．目的：保津川流域に係る環境保全の向上を通じて循環型社会の構築を促進すること、各種法人・企業・行政との健全なパートナーシップによる望ましい市民社会の実現に寄与することを目的とし活動しています。

2．事業：目的を達成するために、以下の特定非営利活動に係る事業を行なっています。

3．保津川クリーン作戦事業

* 保津川に関する環境教室・観察会事業
* 保津川の環境保全・循環型社会構築に係るシンポジウムなどの交流連携促進事業
* 保津川の環境保全・循環型社会構築のための啓発事業
* 保津川の環境保全・循環型社会構築のための調査研究事業
* その他、この法人の目的を達成するために必要な事業

4．取組事例（市民参加型調査「ごみマップ」）

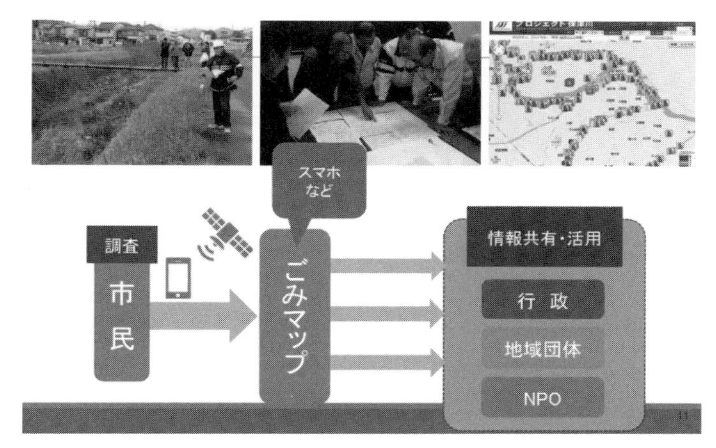

写真１　インターネットを活用した、漂着ごみの「見える化」を目的にスマートフォンアプリ「ごみマップ」iPhone ／ Androidを開発

組織サイト（https://hozugawa.org/project-hozugwa/）、
資料（https://www.env.go.jp/content/900542802.pdf）に基づく

原田（2020a）によると、「プロジェクト保津川」には、市民参加型調査「ごみマップ」というアプローチを活用している。インターネット上の「ごみマップ」にデータを蓄積し、河岸延長10m当たりに存在するごみの「かさ容量」（体積）を目視によって測定し、20L入りの袋の個数に換算して「ランク」として評価する取組である。このような、市民参加型調査の実施の背景には、(1) 保津川流域のごみ問題が深刻化していたことを踏まえ、遊船の船頭らがリーダーとなり、個人としての活動が、その後は保津川遊船漁協組合として「保津川ハートクリーン作戦」が開始、(2) 遊船の船頭らがリーダーとなり、行政機関や市議会、学識経験者への積極的な働きかけを続け、ごみ問題の解決に向けた議論を重ねてきたこと、(3) 保津川下りの400周年を祝うための「保津川開削400年記念事業実行委員会」の設立と事業実施（2006年実施、事業の統一テーマ「水」と歴史・文化の伝承、観光や経済の活性化、環境保全との関連付け、多数の市民参加による保津川清掃イベントの開催など）、(4) エコグリーン環境対策委員会の設置（2007年）、(5) 環境保全活動のプラットフォームとして、特定非営利法人プロジェクト保津川の設立（2007年）があると指摘している。そして、特定非営利法人プロジェクト保津川の設立理由として、以下の点が述べられおり、人々と川との接点を再構築する取組の一つとして、市民参加型調査「ごみマップ」が位置付けられている。

> その後、ごみ問題をはじめとした保津川が抱える環境問題は「流域住民の山や川のつながりの希薄化の表れ」であり、人々と川との接点を再構築すべきではないか、という問題意識が関係者の間で高まっていきました。その環境面での課題を解決していくという活動を引き継ぐ形で、流域の住民、企業、各種団体、パートナーのもと、保津川の環境保全を通じて循環型地域社会、そしてまちづくりに貢献することを目指して特定非営利活動法人プロジェクト保津川は設立されました。
>
> 特定非営利法人プロジェクト保津川の紹介サイト（1）

5-2　実践共同体（CoP）を基礎とした学習共同体としての意味合い

上述の通り、市民参加型調査「ごみマップ」は、単独して存在している取組ではなく、多様な主体が参画し（相互参画）、共有化された様々な取組の中（共有レパートリー）で、共同プロジェクトを実施（共同事業）すると言った「実践共同体（CoP）」の様相を呈している。具体的な取組も、河川環境保全ネットワークのなかで実施されており、個々で独立したものではなく、清掃活動、小学校における環境教育、市民向け啓発活動、支流域も含めた環境美化のまちづくり、観光産業の振興による地域の賑わいづくりと様々な取組が連動性を高めるものとなっており（原田，2015）、行政機関からの補助金に依存しない経済的にも持続可能なしくみを構築している（原田，2018）。そして、その活動基盤には、(1) 伝統的な水運文化を基盤とした地域住民の自主的な取組、(2)「Web-GIS」を活用した定量的な川ごみ調査と小学校と連携した環境教育の推進、(3) 国や他の自治体、行政機関や国内外のNPO/NGOとの積極的な連携、(4) 行政区域を超えた緩やかな流域連携の創出、があるとしている（原田，2019c）。そして、保津川流域の保全活動という社会的文脈に根差した取組を通して（状況依存性）、互いに目的意識を共有し（共通性）、保津川クリーン作戦事業の一環として実施、展開されている。そして、特定非営利法人プロジェクト保津川が、「実践共同体（CoP）」のプラットフォーム事務局（基盤）を担っていることが読み取れよう。原田（2012）は、このような協働の基盤についても、(1) 筏士や船頭、漁師などの多様でありつつも限られたメンバーによって共同利用されてきた「閉鎖型コモンズ」としての保津川や、(2) 自由使用を認めつつも厳然たる管理者、すなわち行政機関が存在する「開放型コモンズ」としての保津川から、それらを統合した「協治型コモンズ」へと保津川の実施形態が変化してきたと指摘している。保津川クリーン作戦事業には、エコツアー、環境学習、文化復活・継承、情報発信・収集、人材育成など、社会的文脈を活かした学びと協働の場を構築しており（状況依存性）、その事業目的に応じて、様々なメンバーが関わり、固有のスキルや専門知識を活かしている（相互依存性）ことからも「学習共同体」としての様相も呈しているといえよう[(2)]。そして、活動の上位概念に「海ごみ問題」を意識化させ、流域や海洋に及ぼす正の影響を相互に理解することを可能にしている点（原田，2019a）や、環境問題を自己責任化、個人レベルの取組に留まる取組ではなくシステム変化を目指すアプローチ（原田，2021）は、実践共同体と学習共同体の連動性を高めるものとなっている。

さらに原田（2020b）は、「社会的営業免許」の観点から、関連するプラスチックごみゼロ宣言の取組を考察しており、活動に関係する組織（例：企業）と影響を受けている社会集団を代表する組織（例：コミュニティ）の双方が、相互に、また活動そのものに、活動の実施にあたっての十分なレジテマシー（正当性、正統性）があることを認識している状態であり、全ての関係者の間に十分な信頼関係があり、社会集団の全員がその活動に同意している状態であることを指摘している。そして、「社会的営業免許」は、多様な主体による継続的な対話によって付与される点を述べている。そして、一連の取組では、市民と企業、行政が対等な立場で対話するプラットフォームの構築を経て、コミュニティが能動的に「社会的営業免許」を事業者に付与している点を述べており、対等性、信頼、対話に基づく関係性は、実践共同体（CoP）を基礎とした学習共同体の構築に、不可欠な要素であることが読み取ることができる。

5-3　経験学習としての経験の転換と知の創出

市民参加型調査「ごみマップ」は、広域・長期データの収集を目的としているだけでなく、流域の保全状況の把握に活用され、地域住民の認識向上、意識啓発にも貢献をしている。原田（2020a）は、「市民参加型の調査によって研究者や行政機関だけでは不可能な広範囲にわたる詳細なデータが収集できただけではなく、それらの情報が可視化され他の地域と容易に比較できるようになったことで、住民が当時者意識をもって河川のごみ問題の解決に取り組むようになった。」と述べている。市民参加型調査「ごみマップ」は、このように、具体的に調査を経験し、内省化し、情報が可視化され、他者と共有することにより、生きた知識として自分ごと化・みんなごと化に貢献する（当事者性の獲得）という、「経験学習サイクル」を読みとることができよう。そして、これらの経験の連鎖が、地域住民の当事者性を高めただけでなく、京都府や亀岡市の審議会などで積極的な政策提言をすることにまで至っている。さらには、16団体・企業からなる「川と海つながり共創（みんなでつくろう）プロジェクト」の設立（2013年）を通して、河川清掃活動の上位概念として、海洋ごみ問題の意識化に貢献している。これらの多様な主体との協働取組には、実社会の状況と直面する課題を顧み、持続可能な生活様式の構築に向けて、集団的な対話と協議を重ねている姿が見受けられる。

さらに、原田（2019b）は、保津川（桂川）の環境保全活動において、レジデント型研究手法「地域社会に定住する科学者・研究者であると同時に、地域社会の主体の一員であるという立場から、地域の実情にあった問題解決型の研究を推進する」（菊池、2015）を採用し、原田自身が研究者として、また住民として地域に関わりをもってきている点を述べている。このような研究手法は、これまでの科学的知識（表象型知識）だけではなく、市民と共にある（with）研究者として、多様なステークホルダーや他者との対話と共感プロセスのなかで知識を構築し（関係型知識）、自身の内省に基づく知識（内省型知識）の更新といった経験の転換を通した知の創出にも貢献しているといえよう。

5-4　協同的探究とコミュニケーション的行為としての意味合い

また、原田（2012）は、活動フィールドの１つである保津峡は保津川下り以外でのアクセスが困難な場所がほとんどであり、管理を担当する土木事務所をはじめ行政機関の職員も、河川の状況について遊船の船頭ほどの情報を持ち得ていないのが現状であると指摘している。そして、川作（船などの河川利用において、安全な水路環境を整えること）などの河川管理のための地域に伝わる技術を有している筏士（山で伐り出した木材で、筏を組み、河川で筏下りをすることによって、木材運搬に従事することを業としていた者）や船頭が、河川利用だけではなく、河川管理においてもレジテマシー[3]（宮内，2006）を獲得していること、さらには、近年の川の環境保全活動を担う者と、川の伝統文化の継承者が、筏復活プロジェクトなどの文化事業を通して、新しいレジテマシーを獲得してきていることを述べており、科学的根拠に基づく議論の展開は市民の理解を深める上で不可欠であるものの（原田，2020c)、科学的知見を超えた知識の創造の意味を考察している。まさにここに、「より幅広く人々と川との接点を再構築すべきではないか」（前掲）という、「プロジェクト保津川」の問題意識との接点を読みとることができよう。このように、市民参加型調査「ごみマップ」は、生きた知識として自分ごと化・みんなごと化に貢献するだけでなく、他者との関わりと自身の内省を通して、問題の理解の深化[4][5]と異なる知識の創造に貢献しており、ここに「協同的探究」を読みとることができる。さらには、通底する取組として、多様な主体とのコミュニケーション、対話、協議といった「コミュニケーション的行為」が重視され、相互の関係性を構築していることが読み取れる。

第６節　市民科学における社会的学習Ⅲの有効性と課題

6-1　社会的学習Ⅲの有効性

1）市民科学における実践共同体（CoP）の構築と学習共同体の構築に向けて

実践共同体（CoP）の考え方は、前述の通り、「活動を完了するために人々が集い、共同体が自己に固有の実践形式を確立し、それを行う際に自分たちが参画する行動の意味について互いに交渉し、共通認識の構築をしていかなければならない」と捉えると、市民科学における実践共同体の構築には、複数の人々が集い（相互参画)、地域的文脈に即した固有の市民科学が求められ（共同事業、共有レパートリー)、市民科学を行う意味について互いに交渉し、共通認識を構築していくことが求められている。さらに、実践共同体を基礎とした学習共同体の構築には、社会的文脈を尊重した暗黙知と形式知の獲得（状況依存性）、参加者間の目的意識・関心の共有（共通性）、参加者間の固有のスキル、専門知識の活用（相互依存性）、参加と協働を生み出すプラットフォームの構築（基盤）、関わる主体のオーナーシップと誇り（帰属）が求められている。今後の市民科学の拡充において、共同事業への向き合い方、社会的文脈を尊重した暗黙知と形式知の獲得、多様な主体のスキルと専門知識の活用、参加と協働を生み出すプラットフォームなどについて、より深く議論をしていくことが求められている。

2）市民科学における経験学習サイクルの内在化に向けて

実践共同体（CoP）を基礎とした学習を考察する際に、この経験学習サイクルは、我々の環境についての知識を得る重要なプロセスとして、実社会での具体的な経験と、抽象的思考／内省に価値が置かれている理論として、有効なモデルを提示している。経験学習の考え方は、前述の通り、「知識が経験の転換によって創出されるそのプロセス。知識は、経験を把握し転換することの組み合わせから生じる」と捉えると、経験学習サイクル（具体的な経験→内省的観察→抽象的概念化→活発な実験）を市民科学に内在化させることが求められる。市民科学を、(1)研究者の様々な制約（研究費、労働力、調査時間など）を補完するものとして捉え、市民の協力を仰ぎながら、広域的・長期的なデータを継続的に収集できる調査方法として捉えるのか、(2)市民の参加と協働を促し、集合的学びと経験学習サイクルを回すことによる知の創出を生み出し、他者とのコミュニケーションを深めることを通して最適解を更新するしくみとプロセスとして捉えるのか、によって大きく様相が異なる。今後の市民科学の拡充において、経験学習サイクルに基づく知の創出などについて、より深く議論をしていくことが求められている。

3）市民科学における協同的探究プロセスの強化に向けて

全てのメンバーが学習プロセスに積極的に参画する探究共同体（communities of inquiry）の創出は、協働と学習の反復を促し、問いかけ合いながら、それらを継続させる場に貢献するものといえる。そして、参加型行動研究（PAR）（前述）で指摘されている３つの知識（表象型知識、関係型知識、内省型知識）の創造は、これまでの実証主義的な枠組に基づき構築された知識（表象型知識）の蓄積だけでなく、他者との関係性の中での知識（関係型知識）を構築し、自身の内省と自己認識に基づく知識（内省型知識）の更新を行うことにも貢献するといえよう。今後の市民科学の拡充において、表象型知識だけでなく、関係型知識や内省型知識にも目を向け、それらの知識の創造をしていくことが求められている。さらには、研究者の知識観や、内省や他者との関係性構築への向き合い方、実施における立ち位置についても再考が求められており、「人々と共に（with）行う市民科学」について、より深く議論をしていくことが求められている。

4）市民科学におけるコミュニケーション的行為の活性化に向けて

前述のとおり、コミュニケーション的行為（Communicative Action）は、社会文化的な決定要素の相互理解と論理的再構成を構築する手段として、コミュニケーションと協議の重要性を指摘している。そして、関わる主体が科学的知見を有しているか否かに関わらず、個々が有する知見、主観、価値規範、置かれた状況を尊重し、社会的理解や観点の論理的再構成を目指すものである。研究者は、科学的な正しさを追求するが、市民が状況を把握し、納得することには大きな差がある。今後の市民科学の拡充において、市民との対話、コミュニケーション、協議などについて、より深く議論をしていくことが求められている。

6-2　課題

社会的学習Ⅲの言説には、「具体的にグループメンバー内の合意を形成せず･･･人々の意見の相違に対処する能力を創出する」（Pahl-Wostl et al., 2007）[(6)]、「グループが協議・交渉のプロセスを通じてまず乗り越えなければならない緊張関係が当初から生じる」（Reed et al., 2010）などの指摘が

表 5-1　市民科学の市民参加モデル（小松ら、2015）

研究のプロセス	貢献型	協働型	協働創生型	依頼型	実践研究型
1. 問題の発見	×	×	○	○	○
2. 先行研究などの情報収集	×	×	○	○	×
3. 仮説の設定	×	×	○	○	×
4. データ収集法のデザイン	×	(○)	○	○	○
5. データの収集	○	○	○	○	○
6. サンプルの分析	×	○	○	○	×
7. データの解析	(○)	○	○	×	○
8. データの解釈	×	(○)	○	×	○
9. 結論の提示	×	(○)	○	×	○
10. 結果の公表	(○)	(○)	○	○	×
11. 結果の議論・更なる問いの発見	×	×	○	×	×

○は市民が参加しているプロセスを、(○) は市民が時々参加するプロセスを示し、×は実施機関が行うプロセスを示す。

見られる。小松ら（2015）は、先行研究を踏まえ、市民の科学プロセスに関わる程度によって異なる市民参加モデルを、詳細なプロセスとして提示している（**表5-1**）。しかし、このモデルは、科学的な研究プロセスに関わる参加の程度であり、合意形成や協議・交渉のプロセス等は含まれていない。社会的学習Ⅲが編み込まれた市民科学の実施においては、実施目的に対応した市民参加モデル如何に関わらず、地域的文脈や実施状況の把握、合意形成、協議・交渉のプロセスへの配慮、順応的な協働ガバナンスの構築が求められている。今後、上述したような、社会的学習Ⅲの有効性と課題を踏まえつつ、市民科学の拡充が求められているといえよう。

第７節　市民科学における探究モードへの挑戦

本章では、「教育·社会的学習の側面からの市民科学アプローチ」と題して、市民科学に関する具体的な取組事例を、社会的学習Ⅲの側面から考察した。市民科学は、研究者の視点から見れば、研究費、労働力、調査時間などの制約の中で、広域的・長期的なデータを収集できる調査方法として注目されているものの、種同定精度、特殊データの観測不足、市民とのコミュニケーション・働きかけ、事業の継続性など市民科学特有の課題もある（小出ら, 2023）。その一方で、市民科学は、市民の視点から見れば、社会への主体的参加と協働の機会であり、社会的文脈に基づく集合的学びと経験の場であり、他者とのコミュニケーションを深める場であるものの、科学的知見の蓄積と科学的根拠に基づく課題解決に難しさが残る。本章で取り扱った社会的学習Ⅲは、地域の場において、しくみ（実践共同体、学習共同体、探究共同体）とプロセス（経験学習サイクル、協同的探究、コミュニケーション的行為）を活かすことを通して、VUCA社会に対応し、持続可能な社会の構築に向けて、社会の変容と個人の変容の連動性を高めることにもつながるといえる。今後、「誰にとっての市民科学か」、「誰と共に（with）行う市民科学か」、「何のための市民科学か」について、問いつづけながら、自然再興と地域創生の好循環を促す関係性づくりが求められている。

それでは、第６章ではこれまでの論考を踏まえ、全体のまとめとして、これからの市民科学～協治としての市民科学へ～を見ていこう。

注

（１）プロジェクト保津川（https://hozugawa.org/project-hozugwa/）（2024年１月４日アクセス）

（２）原田（2012）は、その論考において、パットナムによるソーシャル・キャピタルについて述べ、異なる組織間における異質な人や組織を結びつける橋渡し型のネットワーク構築の意義を述べている。

（３）「ある環境について、誰がどんな価値のもと、あるいはどんな仕組みのもとに、かかわり、管理をしていくか、ということについて社会的認知・承認がなされた状態（あるいは、認知・承認の様態）」

（４）特定非営利法人プロジェクト保津川は、保津川クリーン作戦に関する活動内容やゴミ調査結果を報告しつつも、ゴミ投棄の理由についても併せて考察している。ゴミ回収活動を単なる活動にせず、ゴミ調査を共に実施し、解釈し、考察をすることを通して、今後の取組に資する学びと経験を有していることが読み取れる。詳細は、プロジェクト保津川クリーン作戦に関するウェブサイト（https://hozugawa.org）を参照されたい。

（５）例えば、［原田禎夫（2020c）「市民協働による内陸部からの海ごみ対策の展開」、

『日本の科学者』、25-30.］を参照されたい。

（６）本稿の事例で取り扱った「プロジェクト保津川」の論考では、協議会の大きな特徴のひとつに、代表や規約を設けていないという点を指摘している。代表や規約を設けることが参加メンバーの間に上下関係を作ることになりかねず、将来的に取り組みを継続する上で障害になることが懸念されたから、と述べている（原田，2012)。明確なルール設定や代表制を採用することが、協働や社会的学習を阻害しかねないことも今後、留意していく必要がある。詳細は、［原田禎夫（2012)「〈亀岡フィールドステーション〉水運文化の伝承を通じた流域連携再生：保津川筏復活プロジェクトを事例に」、『実践型地域研究最終報告書：ざいちのち』、163-186.］を参照されたい。

引用文献

Bandura, A（1977）*Social learning theory*. Oxford: Prentice-Hall.

Didham, R.J. & Ofei-Manu, R.（2015）Social learning for sustainability: advancing community-based inquiry and collaborative learning for sustainable lifestyles. In/ .

Dyball, R., Brown, V. A., & Keen, M.（2009）Towards sustainability: five strands of social learning. In A. E. J. Wals（Ed.), *Social learning: towards a sustainable world*.

Hung, D.W.L., & Chen, D.-T.（2001）Situated Cognition, Vygotshian Thought and Learning from the Communities of Practice Perspective: Implications for the design of web-based e-learning. *Education Media International*, 38（1）: 3-12.

Keen, M., Brown, V.A., & Dyball, R.（2005）Social learning: a new approach to environmental management. In M. Keen, V. A. Brown, & R. Dyball（Eds.), *Social learning in environmental management: Towards a sustainable future*（3-21). Abingdon: Earthscan.

Kolb, D.A.（1984）*Experiential learning: Experience as the source of learning and development*. New Jersey: Prentice-Hall.

Lave, J. & Wenger, E.（1991）Situated Learning: Legitimate peripheral participation. Cambridge: Cambridge University Press.

McCarthy, T.（1994）The Critique of Impure Reason: Foucault and the Frankfurt School. In M. Kelly（Ed.), *Critique and power: Recasting the foucault/habermas debate*. London: MIT Press.

Pahl-Wostl, C., Sendzimir, J., Jeffrey, P., Aerts, J., & Berkamp, G.（2007）Managing change toward adaptive water management through social learning.

Ecology and Society, 12（2）, 1-18.
Reason, P., & Bradbury, H.（2003）Introduction: Inquiry and participation in search of a world worthy of human aspiration. In P. Reason & H. Bradbury（Eds.）, *Handbook of action research: Participative inquiry and practice. London*: Sage Publications.
Reed, M., Evely, A., Cundill, G., Fazey, I., Glass, J., Laing, A., Stringer, L.（2010）*What is social learning- Ecology and society*, 15（4）, r1. Retrieved from http://www.ecologyandsociety.org/vol15/iss4/resp1/
W.Thoresen, R.J.Didham, J.Klein, & D.Doyle（Eds.）（2015）, *Responsible living: concepts, education and future perspectives*, 233-52. Cham: Springer.
Wageningen: Wageningen Academic Publishers.
Wegner, E.（1998）*Communities of practice: learning, meaning, and identity. Cambridge*: Cambridge University Press.
Wildemeersch, D.（2009）"Social learning revisited: lesson learned from North and South". In A.E.J. Wals（Ed.）, *Social learning: Towards a sustainable world*（99-116）. Wageningen: Wageningen Academic Publisher
菊池直樹（2015）「方法としてのレジリアント型研究」、『質的心理学研究』、14：75-88.
小出大・辻本翔平・熊谷直喜・池上真木彦・西廣淳（2023）「リアルとデジタルの好循環を通した市民科学による時空間分布プラットフォーム」、『保全生態学研究』、28：109-123
小松直哉・小堀洋美・横田樹広（2015）「大都市近郊の住宅地域における生態系管理のための市民科学の活用」、『景観生態学』、20（1）：49-60.
佐藤真久・Didham Robert（2016）「環境管理と持続可能な開発のための協働ガバナンス・プロセスへの「社会的学習（第三学派）」の適用に向けた理論的考察」、『共生科学』、7：1-19.
佐藤真久（2018）「コレクティブな協働を実践するための協働ガバナンス」、『ソーシャル・プロジェクトを成功に導く12ステップ』、みくに出版、76-86.
佐藤真久（2022）「SDGs時代の教育改革、人事改革、地域における人づくり」、田村学・佐藤真久編『探究モードへの挑戦―高度化・自律化を目指すSDGs時代の人づくり』、人言洞
原田禎夫（2012）「〈亀岡フィールドステーション〉水運文化の伝承を通じた流域連携再生：保津川筏復活プロジェクトを事例に」、『実践型地域研究最終報告書：ざいちのち』、163-186.
原田禎夫（2015）「海ごみの発生抑制策としての河川の漂着ごみ対策の現状と課題」、『水資源・環境研究』、28（1）：45-51.
原田禎夫（2018）「水運文化の再生と地域における文化ツーリズム振興に関する研究」、『大阪商業大学学術情報レポジトリ』、大阪商業大学アミューズメント産業研究所、145-

164.
原田禎夫（2019a）「プラスチックごみゼロ宣言にみる自治体の政策形成の展望と課題」、『環境経済・政策研究』、12（2）：72-76.
原田禎夫（2019b）「河川環境保全と水運文化の伝承に見る市民協働の展開と課題―保津川（桂川）の環境保全活動におけるレジデント型研究によるアプローチ」、『景観生態学』、24（1-2）：47-51.
原田禎夫（2019c）「社会生態システム・フレームワークを用いた環境保全ネットワークの構築に関する研究―保津川（京都府）における河川ゴミ対策の事例から」、『大阪商業大学学術情報リポジトリ』、大阪商業大学商経学会、233-249.
原田禎夫（2020a）「地域と行政の政策協働による持続可能な地域づくり」、佐藤真久・関正雄・川北秀人編『SDGs時代のパートナーシップ』、学文社、101-116.
原田禎夫（2020b）「プラスチック汚染にどう立ち向かうのか―社会的営業免許（SLO）の可能をさぐる」、『環境経済・政策研究』、13（1）：12-26.
原田禎夫（2020c）「世界で広がる脱プラスチックの動き」、『生活協同組合研究』、5-13.
原田禎夫（2021）「コロナ禍における海洋プラスチック汚染を考える」、『森林環境』、森林文化協会、12-20.
丸山康司（2007）「市民参加型調査からの問いかけ」、『環境社会学研究』、13：7-19.
宮内泰介（2006）『コモンズをささえるしくみ　レジテマシーの環境社会学』、新曜社
文部科学省（2018）『高等学校学習指導要領解説―総合的な学習の時間編』

第6章

これからの市民科学
～協治としての市民科学へ～

佐藤真久

第1節　本シリーズ書籍における本書の意味付け

本書は、本シリーズ書籍「SDGs時代のESDと社会的レジリエンス研究叢書」においても、重要な意味を有している。本シリーズ書籍に通底する視点は、以下の通り（1）SDGs時代、（2）持続可能な開発のための教育（ESD）、（3）社会的レジリエンスである。

- 「SDGs時代」―SDGs（持続可能な開発目標、2016-2030）の時代背景については、（1）MDGs（ミレニアム開発目標、2001-2015）の時代と比較して、世界が直面する問題・課題が大きく変化していること、（2）VUCA（変動性、不確実性、複雑性、曖昧性）の時代への状況的対応が求められていることが挙げられる。また、SDGsの有する世界観については、（1）"地球の限界"（planetary boundaries）に配慮をしなければならないという「地球惑星的世界観」、（2）"誰ひとり取り残さない"という人権と参加原理に基づく「社会包容的な世界観」、（3）"変容"という異なる未来社会を求める「変容の世界観」がある。さらに、SDGsの有する特徴については、（1）"複雑な問題"への対応（テーマの統合性・

Key Word：市民科学の多様性、多様なアプローチ、基礎的要件、協治としての市民科学

同時解決性)、(2)“共有された責任”としての対応（万国・万人に適用される普遍性・衡平性）がある。本研究叢書では、SDGsの時代背景、世界観、特徴を踏まえて考察を深める。

- 「ESD」—ESD（持続可能な開発のための教育）は、1990年代後半から欧州を中心に議論が深められてきた。国連は、「国連・持続可能な開発のための10年」（DESD、2005-2014）を定めた。2009年に開催された中間年会合（ボン、ドイツ）では、「個人変容と社会変容の学びの連関」（learning to transform oneself and society）が、“新しい学習の柱”として提示された。本研究叢書では、“新しい学習の柱”として指摘がなされている、社会の“複雑な問題”の解決と価値創造に向けた「社会変容」と、主体の形成（担い手づくり）に向けた「個人変容」の有機的連関に向けて、考察を深めるものである。
- 「社会的レジリエンスの強化」—物理学、生態学の文脈で定義付けられてきた「レジリエンス」は、近年、社会生態学や、環境社会学、環境経済学などの社会科学分野でも議論が展開されている。本研究叢書では、社会的な文脈を踏まえて「社会的レジリエンス」を取り扱い、“VUCA社会”へ適応し、生態系と社会の重要なシステム機能（例：包括的なケアシステム、様々な機能連関、資本と資本の連関による相乗効果、協働ガバナンス、マルチステークホルダー・パートナーシップ）を存続させる力を高めることについて考察を深めるものである。

上述したシリーズ書籍に通底した視点を基に市民科学を捉えると、「SDGs時代」を踏まえた市民科学は、(1)変化してきている時代認識に対応したものであること（時代認識の重要性)、(2)VUCA社会における状況的対応（変動性、複雑性、不確実性への対応、順応的)、(3)「ネイチャーポジティブ（自然再興)」に対応した行動・協働・実装、(4)市民参加と協働の場づくり（社会的包摂、社会的学習、参加のしくみ、協働のしくみ)、(5)科学・実装研究、政策・地域自治、教育・社会的学習のアプローチの変容、イノベーションの構築、NbS、SX・GXなどの新しい概念（変容的世界観）、(6) 政策統合、資本の統合と好循環（テーマの統合性、同時解決性）、(7) 科学者と市民のパートナーシップ（共有された責任として）と捉えることができる。そして、「ESD」を踏まえた市民科学は、社会の“複雑な問題”の解決と価値創造に向けた「社会変容」と、主体の形成（担い手づくり）に向けた「個人変容」の有機的連関そのものであるといえる。さらに、「社会的レジリエンスの強化」を踏まえた市民科学は、自然資本と他資本（人的、社会関係資本、知的資本など）の統合と好循環を意味し、自然再興と地域創生の好循環を促し、市民権を超えた地球市民としての参加と協働の場として機能することも意味している。

第2節　本シリーズ書籍各巻の指摘事項からみた「市民科学」の課題

本節では、本シリーズ書籍の既版本における編著者の指摘を踏まえることで、市民科学に求められる視座・視点、今後の課題と展望について考察する。

第1巻『SDGs時代のESDと社会的レジリエンス』（佐藤真久・北村友人・馬奈木俊介編著）の論考では、本シリーズ書籍に通底する視点（前述）として、(1) SDGs時代、(2) 持続可能な開発のための教育（ESD）、(3) 社会的レジリエンス、を挙げ、その考察を多角的に深めている。本章第1節での指摘のとおり、市民科学は、SDGs時代を踏まえた中で考察をし、社会変容と個人変容の連動性の中で捉えることが求められている。さらには、VUCA社会に対応し、社会的レジリエンスの強化が期待されている。

第2巻『協働ガバナンスと中間支援機能』（佐藤真久・島岡未来子著）の論考では、環境保全活動における協働ガバナンスと中間支援機能について理論研究と実証研究に基づいて考察を深めている。そして、地域の協働ガバナンスと中間支援機能が、地域のレジリエンス力を強化するものであったと指摘している。当該書の知見を踏まえると、市民科学においても、社会的レジリエンス強化に関する考察が求められているだけでなく、市民科学を効果的に機能させるための協働ガバナンス、中間支援機能、中間支援組織に関する考察を今後深めていくことが求められている。

第３巻『在来知と社会的レジリエンス』（古川柳蔵・生田博子編著）の論考では、在来知を「地域で継承・実践され、自然・社会環境と日々関わる中で形成された実践的、経験的な知識や技術」と広く捉えている。そして、在来知は決して万能ではなく、無批判に現代社会が抱える問題を解決するために応用することの危険性を指摘しつつも、在来知を自然科学、社会科学、情報技術などのあらゆる分野の知識体系を融合し、より持続可能な社会を目指すためのツールとして発展させていくことの重要性を指摘している。市民科学には、自然科学、社会科学、情報技術などの知識体系があるたけでなく、地域由来の在来知としての意味合いも有している。今後、多様な知識体系へのアクセスを高めるとともに、その融合策を構築することが求められているといえよう。

第４巻『サステナビリティ・トランジッションと人づくり』（森朋子・松浦正浩・田崎智弘編著）の論考では、「サステナビリティ・トランジッション」を、持続可能な社会への変革や転換として捉え、とりわけ、現場の事例からボトムアップで人々の賛同を得ることで社会構造の変革を促す「トランジッション・マネジメント」に着目をしている。そして、「トランジッション・マネジメント」では、変革の先陣を切って周囲の人々に持続可能な姿を見せるフロントランナーが重要な役割を果たすと指摘している。そして、「トランジッション・マネジメント」は、多数の分野にまたがり、多様な関係者が協働することが前提であり、変容を促す資質・能力を有した人々（フロントランナーズ）による能力発揮と相互補完が重要であると指摘している。当該書の知見を踏まえると、市民科学には、フロントランナーズとして社会に貢献する人々の育成と、それを支える多様な主体による参加のしくみ、協働のしくみの構築が求められているといえよう。

第５巻『SDGs時代の評価』（米原あき・佐藤真久・長尾眞文編著）の論考では、評価活動を「価値を引き出し、変容を促す営み」とし、協働と学びによって（新たな）価値を引き出し、SDGsに求められる社会と個人の変容を促す営みであると指摘している。さらには、主体的なプロセスへの参画を促す上で、所与の価値を受け入れるのではなく、価値を共創する上で、その両輪（当該書では、協働と学びを意味する）への配慮とその連動性が強調されている。これまでの市民科学では、科学的側面を重視した評価活動が行われてきた。当該書の知見を踏まえると、今後、現場における研究を深め（実装研究）、地域を治め（地域自治）、協働と学びを促す（社会的学習）ために、市民科学をどう位置付け、社会と個人の変容の連動性にどのように貢献するかが問われているといえよう。

第３節　市民科学の多義性〜手段・目的・権利

市民科学の分類[(1)]については、(1) 研究、教育、社会変革のように、目標別で分類しているものや（小堀，2020）、(2) 依頼型、貢献型、協働型、共創型、独立型のように、研究プロセスへの参加の程度で分類しているもの（Shirk et al.，2012）も見られる。さらには、(3) 科学主導型、個人の興味・関心型、政策主導型、社会課題への関心型のように、市民科学の目標と得られる成果に基づいて分類しているもの（Dillon et al.，2016）、(4) 実践的活動、保全、調査、バーチャルの活動、教育のように、プロジェクトの目的別で分類しているものも見られる（Follet & Strezov，2015）。

その一方で、市民自らが観察者になり、知見を蓄積する「市民科学」は、単に多くのデータを集めることが可能なだけではなく、市民の当事者意識や参加意識を高め、社会的な合意を形成するとともに「環境保全への長期にわたる市民の関与を可能にする効果も指摘されている（丸山，2007）。Daume et al.（2014）は、市民科学には、(1) 科学的側面（膨大なデータの収集、調査の継続性の向上、学術論文に耐えうるデータの精度の向上）、(2) 教育的側面（種の同定技術の向上、課題解決能力の向上、意思決定能力の向上）、(3) 社会的側面（研究コストの削減、生物多様性の保全、政策提案）といった、

３つの潜在的可能性があるとしている。言い換えれば、市民科学の取組には、「市民科学の多義性」があるといえる。本節は、「市民科学の多義性」と題して、市民科学を（1）手段としての市民科学（科学・実装研究、政策・地域自治、教育・社会的学習に活かす市民科学）、(2) 目的としての市民科学（市民科学を通した学び・協働と主体形成）、(3) 権利としての市民科学（生きる権利、学ぶ権利、参加・協働する権利としての市民科学）の側面から、既往研究と共に筆者の見解を述べることとしたい。

3-1　手段としての市民科学

市民科学を科学・実装研究の手段、政策・地域自治の手段、教育・社会的学習の手段として活用している取組事例は、渡り鳥の生態、移動観察（例として「eBird」）や、数学課題に関する集合的解決（例として「Polymath Project」）、腫瘍データベースの科学的解析（例として「Cancer Research UK」）他、国内においても、市民科学プロジェクト「地球冷却微生物を探せ」や市民参加型調査「花まるマルハナバチ国勢調査」など、多数報告されている。市民科学研究室が指摘する、リビングサイエンスの定義である「生活を基点にした科学、様々な形で生活に入り込んでいる技術や科学知を、市民が主体となってよりよい暮らしに向けて選択し、編集し、活用し、研究開発を適正に方向付けていくという多面的な活動」(2) の指摘からも読み取れるように、参加型の科学的アプローチを活用することを通して、広域多点や長期間データに基づく状況の把握を可能にさせ、科学・実装研究のみならず、政策・地域自治、教育・社会的学習にも貢献することになるという「手段としての市民科学」の側面があることが読み取れよう。

3-2　目的としての市民科学

小堀（2013）は、保全生物学に立脚した環境教育（保全教育）は、２つの異なる空間スケールの地域を対象としているとし、「地域内のつながり」を重視した生涯学習と、「地域間のつながり」を重視した生涯学習があるとし、市民科学は、これらの生涯学習を促進する上で、有効な機会を提供していると指摘している。さらに、(1) 感性、(2) 自然認識、(3) 科学的思考、(4) 社会認識（持続可能な社会づくりへの意識、自らの使命や社会的な役割を自覚し行動することができる）、(5) 教育力（自然、社会、仲間を通じて学ぶ力を育成できる）などを高める上で有効であると指摘している。Walsら (2014) や佐々木ら（2016）も、市民科学への参加を通して、科学的リテラシーを身につけること、自身で科学的な活動に関わることの意義を指摘している。さらに小堀（2013）は、米国における市民科学の定義について述べ、多様な定義に通底する共通の特徴は、市民がモニタリング調査だけでなく、多様な研究活動のプロセスに参画することにより市民の多面的な能力を高めて、その結果として市民が市民科学者となることを最終目標とする生涯学習としての側面が強調されている点を指摘している。つまり、「市民科学を通した学び・協働と主体形成」を意味しており、市民科学に参画し、継続しつづけることこそに意味があるという「目的としての市民科学」の側面があることが読み取れよう。

3-3　権利としての市民科学

「権利としての市民科学」は、多様な主体が生きる権利、学ぶ権利、参加・協働する権利など、公的な価値の実現に努め、その場を保障する市民科学という側面である。市民科学研究室では、市民科学の定義として「市民の、市民による、市民のための科学」[(3)] を提示しており、科学よりも市民の権利に軸足が置かれていることが読み取れる。佐々木ら（2016）は、市民科学は、専門家による研究活動に貢献するために存在しているのではなく、市民が主体となった科学的行為である点を強調している。さらに、木原（2022）は、権利という普遍的で公的な価値の実現に努める「政治市民の市民科学」という言葉を使用し、「権利としての市民科学」を主張している。日本の市民科学は歴史的に、沼津・三島の石油コンビナート計画反対運動などのような市民運動であったことを踏まえると、市民の市民権や国籍の有無にかかわらず、

「権利としての市民科学」は、配慮されるべきアプローチであるといえよう。

第４節　市民科学の多様なアプローチ

4-1　市民科学の4類型（Dillon et al., 2016）

「市民科学の多様なアプローチ」は、本書で取り扱った科学・実装研究、政策・地域自治、教育・社会的学習の文脈においても読みとることができる。前述の通り、Dillon et al.（2016）は、市民科学を、(1) 科学主導型、(2) 個人の興味・関心型、(3) 政策主導型、(4) 社会課題への関心型のように、市民科学の志向性の程度で分類している（**図6-1**）。これらの分類を実施アプローチとして捉えると、［科学主導型］（第二象限）は、科学的根拠と論理的合理性に基づく科学的探究アプローチを主としており、［個人の興味・関心型］（第三象限）は、自身の興味・関心に基づき、活動に参加をし、参加を通し

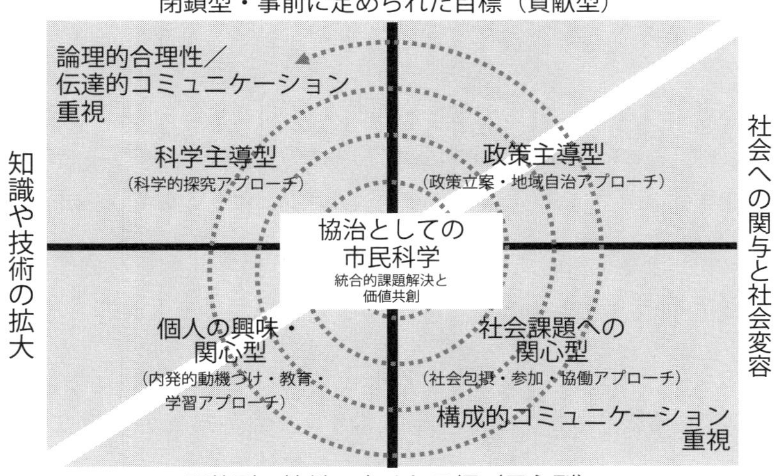

図6-1　科学・実装研究、政策・地域自治、教育・社会的学習を連動させる協治としての市民科学

Dion ら（2016）、小堀（2023）に基づき筆者加筆

て学びを深めていく点で「内発的動機付け・教育・学習アプローチ」ということができるだろう。そして、これら［科学主導型］と［個人の興味・関心型］（第二象限、第三象限）はいずれも、Dillon et al.（2016）の指摘の通り、知識や技術の拡大を目指しているといえる。一方、［政策主導型］（第一象限）は、社会への参加・参画による地域課題の発見に基づく政策立案と地域自治を目指していく点で、地域課題に向き合う政策を通して社会変容を目指す「政策立案・地域自治アプローチ」であり、［社会課題への関心型］（第四象限）は、地域課題に向き合い、他者との力を持ち寄る協働を通して社会変容を目指す「社会包摂・参加・協働アプローチ」と言いかえることができる。そして、これら［政策主導型］と［社会課題への関心型］（第一象限、第四象限）はいずれも、Dillon et al.（2016）の指摘の通り、社会への関与と社会変容を目指しているといえる。

さらに、［政策指導型］と［科学主導型］（第一象限、第二象限）は、閉鎖型・事前に定められた目標に向き合うものであり、一方井（2020）の指摘する大学・科学者組織（それも個別研究プロジェクト）が主体的にすすめる「貢献型シチズンサイエンス」と読み取ることもできる。対して、［個人の興味・関心型］と［社会課題への関心型］（第三象限、第四象限）は、開放型・協働で定めた目標に向き合うものであり、一方井（2020）の指摘する市民（団体）が主体的にすすめる「民主的シチズンサイエンス」と読み取ることもできる。

4-2　協治としての市民科学へ

このような「市民科学の多様なアプローチ」を踏まえ、今後目指す方向性はどのようなものであるか？筆者は、この４つの類型をつなげる視点として、「協治」があると考える（**図6-1**）。協治とは名の通り、互いの力を持ち寄り地域を治めることを意味する。これまでの自治は、自治体主導による「団体自治」が主流であった。しかしながら、これからは、多様な主体の参画の下で、地域を治めるべく、知識や技能の拡大を目指しながら（［科学主導型］、［個人の興味・関心型］）、社会への関与と社会変容に挑む（［政策主導型］、［社会課題への関心型］）ことの連動性が求められているといえよう(4)(5)。つまり、地域のガバナンスそのものが、自治体主導（団体自治）としての「統治」から、多様な主体の参画を促す協治（科学者の参画、住民主導の住民自治含む）が求められており、市民科学の多様なアプローチ（**図6-1**）を活用し合うことが、その連動性を高めることに貢献するといえよう。これは、本書で取り扱う「科学・実装研究としての市民科学」（第３章、**図6-1**では、第二象限に該当）、「政策・地域自治としての市民科学」（第４章、**図6-1**では、第一象限に該当）、「教育・社会的学習としての市民科学」（第５章、**図6-1**では、第三象限・第四象限に該当）の有機的な連動性（**図6-1**で提示されているスパイラル構造）を意味している。

そして、異なる目的に対応した市民科学を実施することと、それらの取組を連動させることは矛盾をしているのではない。VUCA社会（変動性、不確実性、複雑性、曖昧性の高い社会）では、意思決定に関する利害関係が強くなり、**図6-1**で示すどの目的における実施アプローチにおいても、科学技術への市民参加の意味合いが変わってきている。これは、(1) Auweraert (2005)の指摘する「科学コミュニケーション・エスカレーター」（理解、意識向上、関与、参加の段階に基づく、アクターや関係性、特徴、対立構造の変化）や、(2)Ravetz（2006）の指摘する「ポスト・ノーマル・サイエンス」のモデル（意思決定に関する利害関係の強さと、システムの不確実性の度合いの２軸において双方の度合いが強い場合、安全、健康、環境に関する科学と倫理（The Sciences of safety, health and environment, plus ethics）には、専門家と社会の対話が重要であるという考え）、(3) オープンサイエンスなどの文脈における究極のシチズンサイエンス（科学者との協働、市民主導による科学研究）（Haklay, 2013）、からも読み取ることができ、科学的知見の伝達から（欠如モデル、伝達的コミュニケーションから）、最終的には、専門家と市民がパートナーになり事を進めていくことや、相互の対話によって進めていくこと（対話モデル、構成的コミュニケーションへ）の重要性を指摘している[6]。荻原（2024）は、科学を統治する市民を育てるという文脈において、「従来の欠如モデル」（市民には正確な科学的知識がないために科学技術を受容しないのだから、専門家が正確な知識を与えることによって科学技術を受容するようになるという考え方）は、今日的状況の中では成り立っておらず、むしろ「科学技術への公衆の関与モデル」（科学技術の方向性、たどるべき道の決定を専門家や政府、企業が独占せず、市民との対話の下に決めていくという考え方）が求められていると指摘している。さらには、「科学技術への公衆の関与モデル」の構築には、予防原則と順応的管理が前提にあるとし、必要な諸条件として、(1)現場の知に耳を傾ける、(2)対話により枠組を柔軟に組み替える、(3)多様な観点から継続的に吟味をしていく、(4)見せかけの知との対峙、(5)科学技術へのバランサー（科学技術が暴走しないように平衡をとる分銅）、を提示することを通して、科学技術・科学技術政策への市民参画の意義について考察を深めている。荻原の指摘する「科学技術への公衆の関与モデル」は、まさに、「協治としての市民科学」へ向かうことを意味しているといえよう。

4-3　VUCA社会における共同意思決定の意味合い

広石（2020）は、住民の決定や行動を支える行政・専門職のあり方や、両者（医療者－患者）での意思決定のプロセスについて、英国における薬事研究に基づいて考察をしている。そして、従来の「医療者が指示を出し、患者が従う関係を「コンプライアンス・モデル」（compliance model）と指摘し、補完モデルとして、患者が指示に従って動くように促そう・誘導しようという関係を「アドヒアランス・モデル」（adherence model）と指摘している。その一方で、患者と医療者がパートナーになって情報を共有し、対等な立場で話し合った上で、決定は患者に任せる関係を「コンコーダンス・モデル」（concordance model）であると指摘し、医療者と患者のパートナーシップによる共同意思決定の意味合いを提示している。本書の文脈に基づき、医療者を科学者、患者を市民として捉えた場合、［政策指導型］［科学主導型］（第一象限、第二象限）は、「コンプライアンス・モデル」または、その補完モデルとしての「アドヒアランス・モデル」として位置付けられるだろう。それに対し、[個人の興味・関心型][社会課題への関心型]（第三象限、第四象限）は、「コンコーダンス・モデル」として位置付けられ、地域住民の参画や市民の権利がより尊重される。そして、「コンコーダンス・モデル」においては、(1) 市民が研究者のパートナーとして参加するのに必要な知識を持っていること（市民にとってわかりやすい情報提供、ニーズに応じたプログラムの開発、決定の権限の委譲）が前提となり、(2) 市民がパートナーとして話し合いに参加すること（市民にとっての優先順位、好み、不安を話せる場、研究者が意図を説明、合意を確認できる）が尊重され、(3) 市民自身による実行を支援すること（市民自身の問題を話せる機会を持つ、共に問題解決に取り組む、起きたことを共有する、定期的に見直す）が求められる。「協治としての市民科学」を考えた際には、上述した「コンコーダンス・モデル」が求められていると言え、市民科学研究室が指摘する、市民科学の定義である「市民の、市民による、市民のための科学」(7) との接点を読みとることができよう。これは、市民自らが他者の力も持ち寄りながら地域を治めることを意味し、これまでの科学者による地域研究や、自治体による団体自治の文脈を超えて、地球市民として地域を共に治める「協治としての市民科学」の重要性を捉えることができるだろう。

4-4　多様化、多層化、多元化、混成文化化する社会における市民科学

これまで使用している「市民」という言葉には、市民権・国籍（citizenship）を持つことを含意している。ネグリは「マルチチュード」という言葉を使用し、多様な属性を有する人間の集合として、グローバル民主主義を推進する主体として、多様な属性を有する人の集合を表現している（ネグリ＆ハート、2005）。今日の日本社会は移民大国 (8) であり、多文化化・混成文化化が進む今日において、従来の市民権・国籍を超え、社会的包摂と参加・協働を前提とした地域づくりが求められている。今日的状況を踏まえると、日本にお

ける市民科学は、(1) 市民運動としての政治的市民科学や、(2) ICT技術の進展、オープンサイエンス政策によってもたらされたシチズンサイエンスのみならず、(3) 多様化、多層化、多元化、混成文化化する社会において、従来の市民性（市民権、国籍）をこえた、社会的包摂と参加・協働を促す地球市民としての市民科学への関与が必要とされている。米国においても、「コミュニティサイエンス」の動きからが見られており、多くの示唆を得ることができる。

4-5　協治に求められる自治の復権

「協治としての市民科学」は、これまでの自治体（団体自治）の転換にも貢献できるものであり、これまでの潤沢な税収と明確な課題に基づく効率的運営方策（新公共管理、NPM）の限界にも対応したものにもなりうる。上述した４つの類型（**図6-1**）をスパイラル状に連動させた市民科学の営みは、地域における自治（政策論を超えた広義の自治として）の復権を意味する。そして、その営みでは、これまで主流とされてきた事実と科学的根拠に基づく「論理的合理性」のみならず、関わる主体のなかで、互いの主観と感情にも向き合い、お互いの了解と反省を深めていくコミュニケーション（例：対話の場）を通じて、互いの主張の背景にある文脈を共有し、信頼関係の構築に努めることが求められているといえる（コミュニケーション合理性)。このように捉えると、市民科学は､「科学」という言葉だけを主として位置付け、実装研究、政策・地域自治、教育・社会的学習などの取組において、創造的な知の集積と活用、科学の民主化・社会化を図るだけではなく、もう一つの「市民」という言葉の理解を「地球市民」という文脈で深めることを通して、他者との関わりの中で個人と社会の変容の連鎖を生み出すコミュニケーションや意思決定にも十分な配慮が必要であることが読み取れるだろう。春日(2023) は､「科学技術コミュニケーションにおいて、「他者」が如何なるものであるかの理解によっても、コミュニケーションの方法や目的は変わってくる」と指摘している。これまでの「科学」を主とした市民科学の文脈から、多様化、多層化、多元化、混成文化化する社会に対応した科学技術コミュニケーションのあり方の模索し、多様な文脈を活かした対話と協働に基づく「構成的なコミュニケーション」（**図6-1**、伝達的なコミュニケーションに対して）の模索が必要とされているといえよう。

第５節　時代認識と市民科学

上述のような「市民科学の多様なアプローチ」を踏まえ、「これからの市民科学」を捉える際には、今日的な時代認識が必要である。本節では、時代認識を深める手立てとして、SDGs（2016-2030）の社会背景と世界観、特徴に基づいて考察することとしたい。筆者は、SDGsの社会背景については、(1)ミレニアム開発目標（MDGs：2001-2015）の時代と比較して、世界が直面する問題・課題が大きく変化（貧困から貧富の格差へ、気候変動、自然災害、肥満、生物多様性の損失、エネルギー問題、ガバナンス、社会的公正、高齢化、新型グローバル感染症など）していること、(2) VUCA（変動性、不確実性、複雑性、曖昧性）社会への状況的対応が求められている点を指摘している（佐藤，2019）。また、SDGsの有する世界観については、(1)“地球の限界”（planetary boundaries）に配慮をしなければならないという「地球惑星的世界観」、(2)“誰ひとり取り残さない”という人権と参加原理に基づく「社会包容的な世界観」、(3)“変容”という異なる未来社会を求める「変容の世界観」があると指摘している（佐藤，2019）。さらに、SDGsの有する特徴については、(1)“複雑な問題”への対応（テーマの統合性・同時解決性）、(2)“共有された責任”としての対応（万国・万人に適用される普遍性・衡平性）を挙げている（佐藤，2019）。

そして、SDGsの策定に至るまでの第二次世界大戦後の歴史的背景には、「貧困・社会的排除問題」の解決にむけた経済開発、社会開発、人間開発の流れと、「地球環境問題」の解決にむけた持続可能な開発の２つの流れがあると筆者は指摘している（**図6-2**；佐藤，2020）。鈴木・佐藤（2012）は、これ

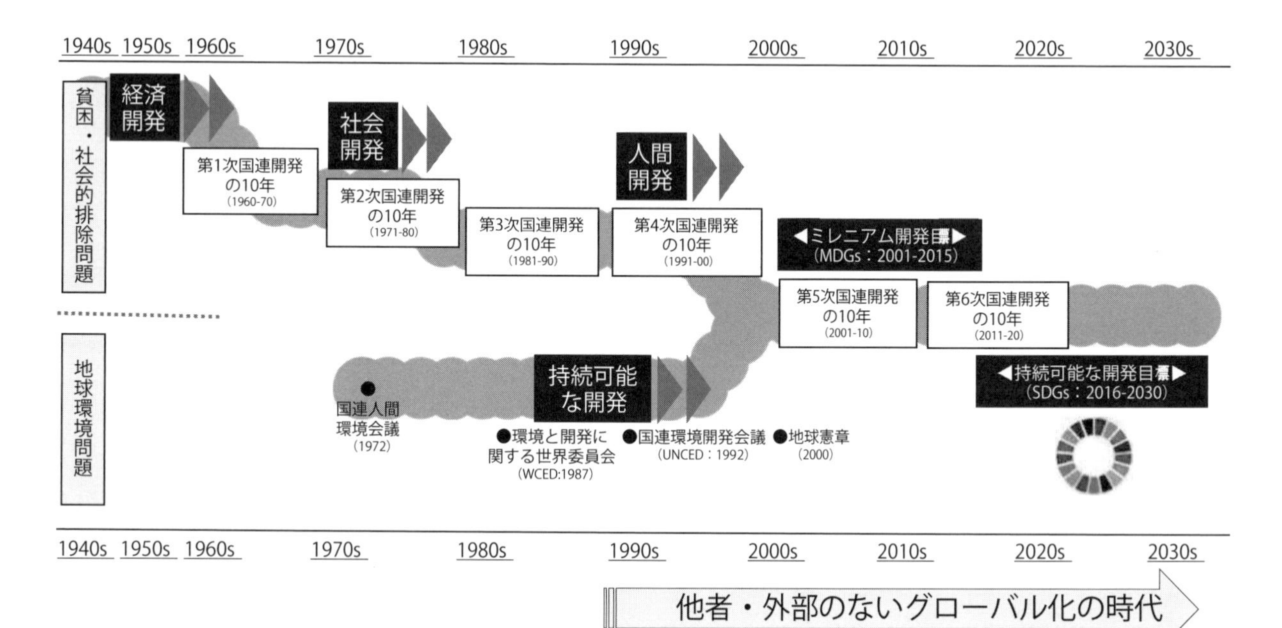

図 6-2　持続可能な社会の構築に向けた開発アプローチの変遷　佐藤（2020）に基づき簡略化

までの開発問題、環境問題を振り返り、グローバルな基本問題には、「貧困・社会的排除問題」（人と人）と「地球環境問題」（人と自然）の“双子の問題”があるとし、その同時解決の重要性を指摘している。さらに、このような同時解決が今日求められるのは、これまで問題解決の矛先を他者化・外部化してきたことによるものであるとし、⑴問題解決の矛先を途上国に向け、国際協力の文脈で資金協力と技術協力をしてきた日本の歴史や、⑵属する企業による外部不経済とCSR活動などを例にしながら考察を深めている（佐藤, 2022）。

これらの指摘に基づくと、今日において実施・展開する市民科学は、今日的な時代認識を有する持続可能な社会（自然資本を基礎とした社会・経済のあり方）の構築を目指しつつ、VUCA（変動・不確実・複雑・曖昧）社会への対応が求められていることが読み取れる。さらには、統合的（同時解決的、資本統合と好循環、参加・協働的、包摂的、構造的）、批判的（多義的、コミュニケーションの重視、探究的、共創的）、文脈的（地域的文脈に基づく、地域自治の獲得）、変容的（社会変容と個人変容）な観点が重視されていることが読み取れる。

第６節　これからの市民科学の基礎となる要件

「市民科学の多様なアプローチ」（第４節）と、「時代認識と市民科学」（第５節）を踏まえると、「これからの市民科学の基礎となる要件」が浮き彫りになってくる。本節では、［**表6-1**これまでの市民科学、これからの市民科学の基礎となる要件］に基づき、前提条件、目的・意義、各主体の役割、知と権力、研究観、地域政策観、教育観、参加・協働観の観点から、論点を整理することとしたい。

表6-1　これまでの市民科学、これからの市民科学の基礎となる要件

		これまでの市民科学	これからの市民科学の基礎となる要件
前提条件	社会像	● 持続可能な社会（環境・社会・経済の統合）の構築	● 持続可能な社会（自然資本を基礎にした社会・経済のあり方、ウェルビーイング、人間の安全・安心保障）の構築／VUCA（変動・不確実・複雑・曖昧）社会への対応
前提条件	問題	● 要素分解による真の課題の明確化*1	● 多様な要素が相互作用するシステム*1
前提条件	変容	● 社会変容	● 社会変容の個人変容の連動性 ● 構造的変容
前提条件	合理性	● データと科学に基づく論理的合理性	● データと科学に基づく論理的合理性／対話と信頼に基づくコミュニケーション合理性
前提条件	技術	● 効率性アップ、コスト削減、情報収集・蓄積のツール*1	● 情報を活用し、価値を創り、変革・参加を促すツール*1
前提条件	組織構造	● ヒエラルキー（階層構造）*1	● ネットワーク、ヘテラルキー（多種多極）*1
前提条件	社会構造	● 中央集権型、ハブアンドスポーク*1	● 自律分散型、ローカル・トゥ・ローカル*1
前提条件	問題解決	● 問題の除去による正常の回復*1 ● 地球環境問題、貧困・社会的排除問題の個別解決	● 多様な主体・手法の統合・継続的実践、問題が起きづらい構造、起きても対応できる構造、価値共創へ*1 ● 地球環境問題、貧困・社会的排除問題の同時的解決
前提条件	資本の活かし方	● 科学的知見（知的資本）に基づく市民科学 ● 科学者と市民（人的資本）に基づく市民科学	● 地域の多様な資本（財務、製造、知的、人的、社会関係的、自然）の統合と好循環を生み出す市民科学
目的意義	目的意義モデル	● 手段としての市民科学（データと科学に基づく状況把握と社会変容への活用） ● 科学としての市民科学 ● コンプライアンス・モデル ● アドヒアランス・モデル ● 欠如モデル*2	● 手段としての（状況把握と社会変容に活かす）／目的としての（学びと協働、主体形成）／権利として（生きる権利、学ぶ権利、参加・協働する権利）を踏まえた多義性ある市民科学 ● 科学と実装研究、政策と地域自治、教育・社会的学習に資する市民科学 ● コンコーダンス・モデル ● 科学技術への公衆の関与モデル*2
役割	市民	● 科学的知見の受容者として ● 市民権を得た市民による市民科学	● 共に問題を探り、価値を創る内部の参画者、協同的学習者・探究者 ● 地球市民として、多様な主体の包摂と参画を前提としたコミュニティサイエンス
役割	科学者	● 科学的知見の構築者として	● 共に問題を探り、価値を創る内部の参画者、協同的学習者・探究者
役割	教育者	● 科学的知見の翻訳者として	● 共に問題を探り、価値を創る内部の参画者、協同的学習者・探究者
役割	政策担当者	● 科学的根拠を活かす政策担当者として	● 共に問題を探り、価値を創る内部の参画者、協同的学習者・探究者
知と権力	知識観	● 体系的、客観的、専門家から得られる知、線形的	● 体験的、探究的、状況的、協働的、スパイラル
知と権力	知の拠り所	● 学問・科学	● 実装による経験、実装による社会課題の理解（状況的、文脈的、統合的、批判的）の深化
知と権力	権力関係	● 権力関係の強化・アンビバレント ● 専門家政治（technocracy）	● 権力関係への挑戦 ● 民主政治（democracy）

研究観	研究観	● 科学による真理の追及、体系知の構築、知識・技能の伝達、個別問題解決	● 体系知と暗黙知の反復、データの多角的な解釈、意味の多面性、規範意識、統合的問題解決、価値共創
	研究のデザイン	● 応用科学、客観主義的、道具的、定量的、非文脈的	● 解釈学、批判社会科学、状況的、協働的、定性的、文脈的、探究的、アクションリサーチ、実装研究、コミュニケーション合理性への配慮、対話・協働への参加・参画
	研究者	● 外部の科学的専門家	● 内部の参画者、協同的学習者・探究者 ● レジデント型研究者
地域政策観	政策観	● 自治体行政（団体自治）主導による地域づくり	● 自治体行政（団体自治）／自治会（住民自治）、参加・包摂、協働による主体性ある地域づくり（地域自治、協治）
	政策のデザイン	● 資金依存（投入）による個別課題への効率的対応と活動結果（アウトプット）の追求（新公共管理、NPM） ● 行政主導による参加誘発（市民参加）	● 政策オプションとしての協働・社会的学習 ● 順応的・協働ガバナンス、協働プロセスへの配慮（スループット）による成果（アウトカム）・社会インパクトの追及 ● 地域ネットワークへの行政参加
	政策担当者	● 科学的知見を活かした外部発注者	● 内部の参画者、協同的学習者・探究者
教育観	教育観	● 教師・教育者による営み	● 多様な主体による社会的共通善としての営み
	教育のデザイン	● 正解のある問い、知識・技能の伝達（伝達的コミュニケーション） ● 明確な因果関係、線形的思考	● 体験・行動・協働・自己反省を活かした学びの構築（構成的コミュニケーション） ● 複雑性に向き合う総合探究プログラムのデザイン ● システム思考、デザイン思考
	教育者	● 科学的知見の翻訳者	● 内部の参画者、協同的学習者・探究者
参加協働観	参加観	● 与えられた条件下での関わり（参加）	● 主体意識の醸成と変容への関わり（参画）
	協働観	● 役割分担を決め、各自が実行	● 共に問題を探り、力を持ち寄り課題解決に向き合い、学び合い、価値を創る、相互依存
	参加のデザイン	● 参加の機会提供	● 参加の誘発、社会的包摂、地域課題の発見と気づきを促す参加の場づくり、行動と参画、協働スパイラルとの連動
	協働のデザイン	● 固定的な協働のマネジメント	● 参加の誘発、運営制度の設計、中間支援機能、社会的学習などを組み入れた順応的な協働ガバナンスの構築
	参加者・協働者	● 与えられた条件下での静的な役割分担と実行	● 状況的条件下での動的な対応と変容（社会、個人）の連鎖

Note：*1は、佐藤・広石（2020）や広石（2020）、*2は、荻原（2024）に基づく

6-1　「前提条件」のシフト

「前提条件」として、イメージする「社会像」に変化が求められる。これまでは、環境・社会・経済を統合させた持続可能な社会の構築を目指していたが、今日では、自然資本を基礎にした社会・経済のあり方や、ウェルビー

イングや人間の安全・安心保障を模索する持続可能な社会の構築へと変化が見られる。さらには、VUCA（変動、不確実、複雑、曖昧）の高い社会への対応もまた求められている。「問題」の捉え方も、これまでの要素分解による真の課題の明確化を目指してたものを、多様な要素が相互作用するシステムとしての認識が求められている。「変容」においては、社会の変容だけを意味しているだけでなく、自身を含む個人の変容にも目を向け、その連動性（社会変容と個人変容の連動性）も求められている。さらには、その構造にも目をむけた構造的変容（structural change）も指摘されている。「合理性」の追及もまた、これまでのデータと科学に基づく論理的合理性（logical rationality）だけでなく、地域の文脈や人と人との関係性、個人の感情にまで配慮をし、対話と信頼に基づくコミュニケーション合理性（communication rationality）もまた求められている。生成AIやオンラインコミュニケーションなどに見られるような技術の進歩が著しい今日においては、効率性アップ、コスト削減、情報収集と蓄積のツールとして取り扱われてきた「技術」が、情報を活用し、価値を創り、変革・参加を促すツールとして変化をしてきている。「組織構造」も、これまでのヒエラルキー（階層構造）から、より状況的に対応するためにもネットワークやヘテラルキー（多種多極）が見られるようになった。そして、「社会構造」においても、これまでの中央集権型、ハブアンドスポークの形態から、自律分散型、ローカル・トゥ・ローカルへのシフトが見られる。これらの発想のシフトは、「問題解決」の捉え方が、従来の線形的問題解決、個別問題解決の文脈を超え、より統合的、構造的視点へとシフトしてきていること、課題解決への挑戦を通した価値共創の視点が見られている。「これからの市民科学の基礎となる要件」を捉える際、このような実施における「前提条件」がシフトしてきていることにも十分な配慮が必要であろう。

6-2 「目的・意義」のシフト

市民科学の「目的・意義」においても、捉え方のシフトが求められる。これまでのデータと科学に基づく状況把握と社会変容への活用は、市民科学の重要な「目的・意義」であるもの、市民科学は、目的としての市民科学（市民科学を通した学び・協働と主体形成）や、権利としての市民科学（生きる権利、学ぶ権利、参加・協働する権利としての市民科学）の意味合いも有している（第3節）。さらには、市民科学が、科学と実装研究、政策と地域自治、教育・社会的学習的の側面にも貢献している状況を踏まえると、「市民科学の多義性」を理解する必要がある。関わる主体が多様化することは、市民科学に関わる異なる動機が存在することを意味する。この「市民科学の多義性」を踏まえ、場をデザインすることができれば、「これまでの市民科学」にはない、多様な取組に相乗効果を生み出す市民科学に貢献することができよう。

6-3 「関係主体の役割」のシフト

市民科学に関わる「関係主体の役割」にもシフトが求められる。これまで市民の役割は、科学的知見の受容者としての役割が大きかった。米国の例などでは、市民という言葉は、市民権と連動しているが故に、新たな社会的排除を生み出している現実がある。今後は多様な主体の包摂と参画を前提とした「コミュニティサイエンス」の推進が不可欠であり、科学者、教育者、政策担当者などの属性を超えて、共に問題を探り、価値を創る内部の参画者・協同的探究者としての役割が期待されている。

6-4 「知と権力」のシフト

市民科学の「知と権力」の所在についてもシフトが求められる。知の拠り所としての学問・科学は、政策や教育などに未だ重要であるものの、多様な主体が、現場において社会課題に向き合い、実装を通して経験を積むことにより、データの解釈がより、状況的、文脈的、統合的、批判的になる。さらには、意思決定の点において、専門家主導の政治から（コンプライアンス・モデルやアドヒアランス・モデル）、より民主政治へのシフトが求められていると言える（コンコーダンス・モデル）。多様な主体との実践共同体、学習共同体の構築を通した協同的探究プロセスは、得られたデータの解釈において、これまでの統計学的有意性だけでなく、関わる主体の規範意識、地域的文脈、活動の目的などとも連動したものなる。つまり、従来の体系的、客観的な知見から、地域の文脈と他者との協働による知見へとシフトが見られる。他者の参画・協働による市民科学の実践は、「協治として市民科学」（**図6-1**）を意味しており、これまでのデータと科学に基づく「これまでの市民科学」における権力関係への挑戦ともいえよう。

6-5 「研究観」のシフト

市民科学の「研究観」においても、その捉え方、研究のデザイン、研究者の役割にシフトが求められる。これまでの、科学者による真理の追及、体系知の構築、知識・技能の伝達、個別問題解決の発想を超え、どのように、直面する現場において、体系知と暗黙知を反復させ、データを多角的に解釈し、個々人の規範意識を大切にしながら、統合的問題解決と価値共創をしていくのかが問われているといえよう。従来の客観主義的、非文脈的な科学アプローチを超え、地域の文脈に即し、論理的合理性のみならず、他者との対話と協働によるコミュニケーション合理性に配慮をしていくためには、研究者自らの役割を、外部の科学的専門家から、内部の参画者、協同的学習者・探究者へとシフトすることが求められる。

6-6 「地域政策観」のシフト

市民科学の「地域政策観」においても、その捉え方、政策のデザイン、政策担当者の役割にシフトが求められる。これまでの、自治体による資金投入（税収）を通した効率的な事業運営と、活動結果（アウトプット）を重視した地域づくり（新公共管理、NPM）を超え、どのように、複雑化する現場において、協働・社会的学習を政策オプションの一つとして位置付け、限られた資金を効果的に事業運営に活かし、関わる主体の協働と学習のプロセスに配慮をし（スループット）、成果（アウトカム）と社会的インパクトを生み出していくかが問われているといえよう。従来の資金依存（投入）による個別課題への効率的対応や、自治体主導の参加の誘発（市民参加）ではない、参加・包摂、協働による主体性ある地域づくりを促し、地域ネットワークへ参画（行政参加）をしていくには、政策担当者自らの役割を、資金が脆弱な環境下で地域の複雑性に向き合う、内部の参画者、協同的学習者・探究者へとシフトすることが求められる。

6-7 「教育観」のシフト

市民科学の「教育観」においても、その捉え方、教育のデザイン、教育者の役割にシフトが求められる。これまでの、教師・教育者による知識・技能の伝達（伝達的コミュニケーション）を超え、どのように、直面する現場において、学習者への体験を促し、社会課題に向き合う態度と行動を養い、学習者自らが自己認識をすることを通して、学びのスパイラルを構築していくのかが問われているといえよう。これまでの教師・教育者による教育実践を超え、社会的共通善として多様な主体を巻き込み、体験・行動・協働・自己反省を活かした学びの構築（構成的コミュニケーション）をしていくためには、教師・教育者自らの役割が、知識・技能の伝達者や科学的知見の翻訳者から、内部の参画者、協同的学習者・探究者へとシフトすることが求められる。

6-8 「参加・協働観」のシフト

市民科学の「参加・協働観」においても、その捉え方、参加・協働のデザイン、参加者・協働者の役割にシフトが求められる。これまでの、与えられた条件下での参加から、主体性を有し変容への関わりへコミットする参画が問われているだけでなく、与えられた条件下で役割分担を決めて各自が実行する協働から、共に問題を探り、力を持ち寄り課題解決に向き合い、価値を創る協働の姿へのシフトが求められている。そして、参加と協働を連動させることにより、参加の誘発、社会的包摂、地域課題の発見と気づきの場づくり、行動と参画、協働スパイラルとの連動を高めることが可能になる。これまでよりも、多様な主体を巻き込む「参加の誘発」が求められるだけでなく、協働の場を機能させる「運営制度の設計」、協働を強化させる「社会的学習の場づくり」などのプロセスにも配慮し、全体として、状況的に対応した順応的な協働ガバナンスの構築が求められているといえよう。

第７節　自然再興と地域創生の好循環にむけて

本章では、本シリーズ書籍における本書の意味付け、本シリーズ書籍各巻の指摘事項からみた市民科学の課題を踏まえ、市民科学の多義性（第３節）、市民科学の多様なアプローチ（第４節）、時代認識と市民科学（第５節）について考察を深めてきた。さらに、これらの考察を踏まえて、「これからの市民科学の基礎となる要件」について、前提条件、目的・意義、各主体の役割、知と権力、研究観、地域政策観、教育観、参加･協働観の観点から、「これまでの市民科学」との対比を通して考察を深めてきた（第６節）。「これからの市民科学の基礎となる要件」（第６節、**表6-1**）は、地球市民として持続可能な社会に貢献し、自然再興と地域創生の好循環を生み出す「協治としての市民科学」の意味合いが込められているといえよう。

（１）小堀（2022）は、分類形態として、⑴分野による分類（生物学、生態学、環境（水、大気）、天文学、生化学、医学、農業、考古学）、⑵対象とする課題（温暖化、生物多様性の現象、外来種、ゴミ、コロナ感染症、SDGs）、⑶実施団体（NPO、大学･研究機関、博物館、中央政府、地方自治体、企業、メディア、テレビ、出版社）、⑷プロジェクトの目標（資源管理・保全・復元・連携、科学的知識への貢献、教育・地域社会への貢献活動・発見）、⑸実践内容（観察、標本採集、画像や写真撮影、分類、試料分析、GISデータ、測定）ほか、⑹研究のプロセスへの市民の関わりの程度、などを紹介している。詳細については、［小堀洋美（2022）『市民科学のすすめ』、文一総合出版］を参照されたい。
（２）市民科学研究室（https://www.shiminkagaku.org/whatcs）2023年12月３日アクセス
（３）市民科学研究室（https://www.shiminkagaku.org/whatcs）2023年12月３日ア

クセス

（４）天野（2017）は、科学が保全に貢献するための過程には障壁があるとし、得られる情報の空間的・分類群間のギャップとともに、研究－実務間のギャップ（research implementation gap）があるとしている。科学研究の成果が保全活動に利用されていない事例を考察しつつ、(1)一次データの集積、(2)モデリングの活用、(3)研究－実務間の橋渡しの重要性を指摘している。とりわけ、研究－実務間の橋渡しについては、(1)科学的根拠のない主観的評価、認知バイアスの存在など（研究と個人の興味・関心とのギャップ）、(2)政策決定者が適切な情報を選択できない、短期的解を求める、コストなどの制限要因の存在など（研究と政策とのギャップ）、(3)研究が保全活動の現場の需要に基づいていないなど（研究と保全活動とのギャップ）の存在を踏まえ、保全科学者が能動的に取り組むことの重要性を指摘している。詳細は、［天野達也(2017)「保全科学における情報のギャップと３つのアプローチ」、『保全生態学研究』、22：5-20.］を参照されたい。

（５）科学技術への市民の関与について、小林（2020）は、良き世界を生み出すには、科学技術コミュニティに対する「市民による制御」（civilian control）が必要だと指摘している。そして、科学技術コミュニケーションは、「市民による制御」（civilian control）のための有力な手段であり、科学技術政策における市民の関与（public engagement）の試みの強化を提案している。市民科学の多様なアプローチの連動性を高めることの意義を読みとることができる。詳細は、［小林傳司（2010）「科学技術への市民の関与：市民参加・市民科学の可能性」、『科学技術コミュニケーション』、７：95-102.］を参照されたい。

（６）佐々木ら（2016）は、市民科学は、専門家による研究活動に貢献するために存在しているのではなく、市民が主体となった科学的行為である点を強調している。そして、自然科学へ関わる経験プロセスにおいて、専門家は一貫して補助役であるとし、専門家は、(1)自然に触れ合う機会を提供、(2)科学的手続きの体験、(3)研究活動の実践、に貢献することが求められる点を強調している。そして、主たる市民のモチベーションはどこにあり、自分はどのように関われるのか、など専門家としての関わり方を柔軟に切り替え、表現のあり方を提案していくスタンスでなければ、本当の意味での市民と専門家の協同体制は構築できないと述べている。これは、これまでの、専門家主導の市民科学（科学主導型）、専門家と市民とのパートナーによる市民科学に加えて、市民主導の市民科学（補助役としての専門家）の姿を提示している。詳細は、［佐々木宏展・大西亘・大澤剛士（2016）「"市民科学" が持つ意義を多様な視点から再考する」、『保全生態学研究』、21：243-248］を参照されたい。

（７）市民科学研究室（https://www.shiminkagaku.org/whatcs）2023年12月３日アクセス

（8）経済協力開発機構（OECD）の移民データベース（2019）では、日本は、ドイツ、米国、スペインについで、世界第4位の移民大国となっている。

引用文献

Auwerart, A, V.d., 2005. *The science communication escalator, living Knowledge*, 6:6.

Daume, S., Albert, M. and Gadow von, K. 2014. Assessing citizen science opportunities in forest monitoring using probabilistic topic modelling, *Forest Ecosystems*, 1:11.

Dillon, J., Stevenson, R. B., Wals, Arjen E. J. 2016, Introduction to the special section moving from citizen to civic science to address wicked conservation problems, *Conservation Biology*, 30（3）: 450-455.

Follet, R. & Strezov, V. 2015. An analysis of citizen science based research: usage and publication patterns. PLoS ONE 10: e0143687.

Hakley, M. 2013. Citizen science and volunteered geographic information: Overview and typology of participation, Sui, D., Elwood, S. and Goodchild, M.（eds.）*Crowdsourcing geographic knowledge*, Springer, 105-122.

Ravetz, J., 2006. The No-Nonsense Guide to Science, New Internationalist Pubns Inc.

Shirk, J.L., Ballard, H.L., Wilderman, C.C., Phllips, T., Wiggins, A., Jordan, R., McCallie, E., Minarchek. M., Lewenstein, B. V., Krasny. M. E. & Bonnery, R. 2012. Public participation in scientific research: a framework for deliberate design. *Ecology and Society*, 17:29.

Wals, AEJ., Brody, M., Dillon, J. and Stevenson, RB. 2014. Convergence between science and environmental education. *Science*, 344:583-584.

アントニオ・ネグリ、マイケル・ハート（2005）『マルチチュード（上・下）』日本放送出版協会、幾島幸子訳、NHKブックス

一方井祐子（2020）「日本におけるオンライン・シチズンサイエンスの現状と課題」、『科学技術社会論研究』、18：33-45.

荻原彰（2024）『リスク社会の科学教育―専門家とともに考え、意思決定できる市民を育てる』、新曜社

春日匠（2023）「科学技術コミュニケーションとシチズンサイエンス―専門家政治と民主政治の断裂を超えるために」、『日本の科学者』、58（1）：17-23.

木原英逸（2022）「問い直そう!「シチズンサイエンス」と「市民科学」」、『科学技術社会論』、20：97-109.

経済協力開発機構（OECD）の移民データベース（2019）では、日本は、ドイツ、米国、スペインについで、世界第4位の移民大国となっている。

小堀洋美（2013）「地域をつなぐ生物多様性保全を目指した生涯学習―新たな市民科学の確立に向けて」、『環境教育』、23（1）：19-27.
小堀洋美（2020）「今こそ、市民科学、連載「もっと楽しく!市民科学」、第1回、『月刊下水道』、43（2）：75-78.
小堀洋美（2023）「市民科学―変革を目指すアプローチと海に関わる事例紹介」、『Ocean Newsletter』、543：4-5.
佐々木宏展・大西亘・大澤剛士（2016）「"市民科学"が持つ意義を多様な視点から再考する」、『保全生態学研究』、21：243-248
佐藤真久（2019）「SDGs時代のまちくづりとパートナーシップ」、『SDGsとまちづくり』（田中治彦、枝廣淳子、久保田崇編）、学文社、272-294.
佐藤真久（2020）「SDGsはどこから来て、どこに向かうのか―サステナビリティの成り立ちからSDGsの本質を考える」、『SDGs人材からソーシャル・プロジェクトの担い手へ』（佐藤真久・広石拓司編）、みくに出版、41-62.
佐藤真久（2022）「パートナーシップで取り組むサステナビリティ経営」、『SDGsの経営・事業戦略への導入と研究開発テーマの発掘、進め方』、技術情報協会、pp.33-44.
佐藤真久・広石拓司（2020）『SDGs人材からソーシャル・プロジェクトの担い手へ―持続可能な世界に向けて好循環を生み出す人のあり方・学び方・働き方』、みくに出版
鈴木敏正・佐藤真久（2012）「「外部のない時代」における環境教育と開発教育の実践的統一に向けた理論的考察」、『環境教育』、21（2）：3-14、日本環境教育学会.
広石拓司（2020）『専門家主導から住民主体へ―場づくりの実践から学ぶ』、empublic
丸山康司（2007）「市民参加型調査からの問いかけ」、『環境社会学研究』、13：7-19.

おわりに

岩浅有記

小堀先生から本書執筆のご提案をいただいたのは2021年の年末のことであり、世の中はまさにコロナ禍、オミクロン株の蔓延拡大期にあった。数回の打合せを経て、佐藤先生をご紹介くださり、今回の共編者三人で最初に本書の企画を議論したのが2022年１月27日のWeb会議であった。

三人の知見が統合され、新たな知が生まれていく発端となった。

その時の議論では、社会変容と個人変容、しくみづくり・プロセス、VUCA社会、科学的エビデンスの活用、論理的合理性・コミュニケーション合理性、中間支援機能などが挙げられ、本書のテーマでもある「市民科学」に関しては、市民科学の多義性（手段、目的、権利)、市民科学－デザイン思考とシステム思考の連動性、市民科学の受容性など本書の骨格となるキーワードが次々と生み出されていった。

その後、大学での教育や研究の合間を縫って２ヶ月に１回程度、計６回程度のWeb会議を行なった。2022年12月には新たな生物多様性に関する世界目標である「昆明・モントリオール生物多様性枠組」が採択され、この枠組では自然を回復軌道に乗せるため、生物多様性の損失を止め、反転させる「ネイチャーポジティブ（自然再興)」の実現が2030年目標の一つとして掲げられた。

コロナも徐々に収束していく中で2023年からはリアルで議論し、更に議論することが恒例となり、ゼロからイチを生み出していくにはリアルの議論に勝るものは無いと実感した。議論は加速し、企画案が固まったのは６月のことであった。

『市民科学』というアプローチを通して、科学・実装研究、政策・地域自治、教育・社会的学習の変容を生み出し、総合的課題解決と価値共創に資するものとして、原稿を作成しつつ、企画案と行き来しながらリアルでの議論と更なる原稿執筆を加速させていった。全ての議論が知的興奮を覚え、まさに脳みそに汗をかき、議論後の程よい爽快感とはこのようなものなんだと新鮮な驚きが連続する毎回の会議であった。企画当初は多数の共著者による原稿執筆も候補に挙がったが、本書の特徴でもある「統合的なアプローチ」を体現するためにも編者と共著者を統合し、我々三人で企画当初から議論を重ね、趣旨を熟知した上で執筆に入ったことでまさに分野統合的な内容に仕上がった。さらに、執筆後の編集作業においても我々三人の中で多くの発見があった。用語を統一する作業ではいくつかの用語において我々の異なる専門や現場経験から同じ用語でも違う意味で使っていることが明らかとなり、差異を認めつつ、丁寧に議論しながら用語の一つ一つを吟味し、言い換えや、注釈を加えていった。まさに我々の中でも学びの連続であった。編集作業を通じて、読者の方々にとっても理解が進みやすい内容になったように思う。

本書の振り返り、まとめに関しては第6章において佐藤先生が多角的かつ重層的な視点で詳細にまとめていただいたのでここでは省くが、我々三人の思いはただ一つ、それは市民科学のアプローチにより社会にイノベーションがもたらされ、2050年の世界目標である『人と自然が共生する世界』が実現されることである。加えて、概念、理念、抽象の世界ではなく、現に各々の地域において実行、社会実装が行われ、私たちの現実の目の前の経済、社会、自然・文化に具体的な変化がもたらされることである。

そのためにも本書は『研究叢書』とは銘打っているものの、ここでいう研究とは学術研究だけではなく、社会実装研究であると理解している。このため、それぞれの分野の研究者はもちろんのこと、一般読者、基礎自治体の担当課長補佐・係長、NPO/NGOの事務局次長、企業のCSR担当者、地域コーディネーター、など現場で奮闘されている方々を対象に一人でも多くの方々にお読みいただき、社会実装に活かしていただけたらと考えている。本書をきっかけとして自然共生社会の実現に向けて、共感の輪が広がり、多様な主体の更なる連携と共創が進むことを願いつつ、今後更にビジョンを共有できる方々と出会い、一緒に行動を共にできるのであれば望外の喜びである。なお、第２章及び第３章は岡安聡史氏に丁寧な編集作業を担当いただいた。また、本書の企画から入稿までの間、かなりの時間を要したが、筑波書房の鶴見治彦社長には辛抱強くお待ちいただいた。入稿後の校正等すべての作業を最速で行っていただいた。心からの謝意を表する。最後に本書の執筆、出版に関わっていただいた全ての方々に感謝と御礼を申し上げたい。

執筆者略歴

共編者・著者

岩浅　有記（いわさ　ゆうき）　はじめに、第1章、第4章、おわりに

徳島県阿南市出身。2001年3月筑波大学第二学群生物資源学類卒業、2003年3月東京大学大学院農学生命科学研究科修士課程修了、修士（農学）、2024年9月徳島大学先端技術科学教育部博士課程修了、博士（工学）。2003年4月環境省入省。佐渡におけるトキの野生復帰、国土交通省出向時におけるグリーンインフラ政策立案、沖縄における世界自然遺産推進共同企業体設立支援等自然環境政策や国土政策を担当。2021年4月より大正大学准教授。自然環境政策、自然・文化を活用した地域創生政策、アドベンチャーツーリズムの社会実装に各地で取り組んでいる。佐渡市総合戦略アドバイザー、奄美市政策アドバイザー、青ヶ島村文化財保護審議会委員、兵庫県政策コーディネーター、総務省地域力創造アドバイザー、内閣府地域活性化伝道師等、行政関係多数。主な著書は『国立公園論―国立公園の80年を問う―』（共著、2017）など。

小堀　洋美（こぼり　ひろみ）はじめに、第2章、第3章

東京都出身。1970年日本女子大学生物農芸学科卒業。1972年同大学院栄養学専攻修士課程修了。1979年東京大学より農学博士号取得。東京大学海洋研究所、南カリフォルニア大学等を経て、武蔵工業大学（現、東京都市大学）環境情報学部助教授、教授。現在、東京都市大学客員教授・名誉教授。（一社）生物多様性アカデミー代表理事。専門は保全生態学、環境教育、市民科学。南極大陸の微生物の生態研究、オーストラリアの熱帯雨林の保全・教育活動。現在は河川・里山・都市の生物多様性保全や国内外を対象とした市民科学の研究と実践に従事。元日本環境学会会長。東京都河川整備計画策定専門委員会委員、横浜市環境創造審議会委員、青梅市環境審議会委員長、地球環境基金助成専門委員会等を務める。最近の著書は『地球環境保全論』（共著、2021）、『市民科学のすすめ』（2022）など。

佐藤　真久（さとう　まさひさ）はじめに、第5章、第6章

東京都出身。筑波大学第二学群生物学類卒業、同大学院修士課程環境科学研究科修了。英国国立サルフォード大学にてPh.D.取得（2002年）。地球環境戦略研究機関（IGES）の第一・二期戦略研究プロジェクト研究員、ユネスコ・アジア文化センター（ACCU）の国際教育協力シニア・プログラム・スペシャリストを経て東京都市大学教授。現在、UNESCO ESD-Net 2030　フォーカルポイント、UNESCO Chair（責任ある生活とライフスタイル）国際理事会理事、JICA東京・北陸教師海外研修学術アドバイザー、人事院研修講師、SEAMEO-JAPAN ESDアワード国際審査委員会委員、IGESシニア・フェロー、SDSN JAPAN 委員、日本ESD学会副会長、地球環境基金評価専門委員、などを務める。書籍多数。協働ガバナンス、社会的学習、中間支援機能などの地域マネジメント、組織論、学習・教育論の連関に関する研究と実践を進めている。

著者

豊田　光世（とよだ　みつよ）第４章

東京都出身。明治大学農学部卒業、米国ノーステキサス大学修了（文学修士）、米国ハワイ大学マノア校修了（文学修士）、東京工業大学大学院社会理工学研究科博士課程にて、環境倫理と哲学対話を統合し、佐渡島をフィールドとして市民参加の環境保全に向けた合意形成の実装研究を行う。東京工業大学にて博士（学術）を2009年に取得。兵庫県立大学環境人間学部講師（2010-2013)、東京工業大学グローバルリーダー教育院特任准教授（2014-2015）を経て、現在、新潟大学佐渡自然共生科学センター教授。

BOX投稿者

岸本　慧大（きしもと　けいだい）第２章BOX2-1

東京都出身。2015年3月慶應義塾大学総合政策学部卒業、同大学院政策・メディア研究科修士課程修了､2024年３月同研究科後期博士課程修了。博士（学術）。2024年４月より兵庫県立大学環境人間学部特任助教。地理情報科学や土地利用計画学を専門として、大都市郊外における人・みどり・農の関わりの解明に取り組む。現職では副専攻「地域創生リーダー教育プログラム」を担当。

SDGs時代のESDと社会的レジリエンス研究叢書 ⑥

市民科学

自然再興と地域創生の好循環

2025年3月31日　第1版第1刷発行

編著者　岩浅 有記、小堀 洋美、佐藤 真久
発行者　鶴見 治彦
発行所　筑波書房
東京都新宿区神楽坂2-16-5
〒162－0825
電話03（3267）8599
郵便振替00150－3－39715
http：//www.tsukuba-shobo.co.jp

定価はカバーに示してあります

印刷／製本　平河工業社

ISBN978-4-8119-0698-0 C3037